啊，我的祖国！

状告母亲的中国残留日本孤儿

原著 大久保真紀

翻译 延江昭子
　　　井上征男

八朔社

推荐致词

　　此书的作者是一位一直关注残留孤儿，并对孤儿抱有深厚情感的朝日新闻记者。从提起国家赔偿诉讼开始到现在，我与记者曾见过几次面，我很佩服她始终以热情的态度对待孤儿们，并且她根据正确的历史知识和高尚的见识来理解中国残留孤儿问题。

　　作者在做记者工作之前，就已经开始关心残留孤儿命运，梦想自己将来如能当一名记者，一定对这个问题进行追究。在成为记者后，不管有没有上级的指示，她自愿在其它采访工作之余，抽出时间到现场去采访孤儿，这样坚持到现在已经历17年之久。

　　作者在多年的采访里，不管何时都是亲自到现场去采访每一个孤儿，耐心地听取他们的心里话。为此，受到了孤儿们和义务支援者的无限信赖。

　　此书具体地叙述了孤儿的人生和遭遇，明确地解释了中国残留孤儿的法律方面的问题和政策方面的问题。我觉得能够把孤儿们的心情这样透彻地写出来，还是前所未闻的。

　　我对作者表示衷心地感谢，并且诚心地推荐此书。

2004年9月
中国残留孤儿国家赔偿请求诉讼
全国律师团联络会
代表干事　　律师　小野寺　利孝

前言

2002年12月20日上午九时，位于东京都日比谷高校旁边的东京都千代田区永田町二丁目的星陵会馆里，坐满了中国残留日本孤儿和他们家属。整个会场坐无虚席，连外边的路上也都占满了人—。人数约有800人左右。

那天，阴云密布，在人群中团团的哈气象飘浮的白雾。每个人的脸冻得通红，手也感到麻木，但会场里的气氛却是热烈而沸腾。中国残留日本孤儿国家赔偿诉讼原告团正举行誓师大会。

孤儿们头系布条，手擎着大幅标语和旗帜气势昂昂的游行队伍，准备将走约有二公里半的路程，游行队伍向日比谷公园出发了。

"我们要求象普通日本人一样的生活！"

"要求政府向残留孤儿赔罪！"

"取消对于我们的战时死亡宣告！"

"政府应制定保障残留孤儿的政策！"

领队的手持扩音器高喊口号。由关东地区聚集800人有余的残留孤儿队列沿着东京繁华的闹市区上在悲壮，苍凉的行进着。开始时，本来想用日语来喊口号，后来痛感到用日语喊的不标准和不整齐，抒发不了内心的情感。（其实，几天前神奈川县的孤儿们都进行过练习，但总是令人不满意）从中途索性改用中文来喊口号。

这也充分说明了，孤儿回国定居后，没有接受到充分的日语教育。

游行的队列继续有秩序的行进着，口号声比起彼伏，旗帜如海，拳头如浪。走了一个半小时后，当队伍行至永田町，霞关政府机关所在地周围时，孤儿们的情感达到了极点高呼着：

"反对战争！"

"要求政府保障孤儿老后生活！"

孤儿们的示威请愿陈容，让人流如织的东京市民刮目相看，行人不时驻足侧目，用吃惊而好奇的目光，打量和猜测着这长长的，年过花甲的从未见识过的队伍，何况，人们很难听懂孤儿们的怒吼的不标准的口号的含义，但是人们能猜得到，能理解。

游行结束后，由50名孤儿的代表，在律师的陪伴下，步入东京地方法院。上午11时，孤儿代表把厚重的"起诉书"郑重而庄严的递交给了法院。

这就是回到祖国的629名孤儿向东京地方法院提起历史诉讼的瞬间。

控告国家和政府的"弃民政策"要求国家和政府对孤儿做出：

"谢罪，赔偿，立法"。

孤儿们高举着标语进行示威游行
（2002年12月20日）

谁，也没有想到，孤儿们今天要与政府打官司！

是的，谁都不会想到！

但是，历史和时代应该想到！！

我采访归国孤儿将近15年。其中，我结识了很多孤儿。但是我想都没有想到，能发展到今天这种地步，孤儿迈出的是多么沉重而艰辛的一步！

在战败前后的社会混乱中，长期遗留在中国生活的日本孤儿们，大部分不会说日语。只有少数日语较好的孤儿可以和我用日语交谈，但是，内容复杂的话还是说不好，因为他们一直接受的全是中国文化教育，由于身世，经历不同，他们都有自己的主见和观念，所以，将全体孤儿组织起来，很不容易。再加上地域分散，又缺少资金援助，还得上班打工，可想而知，能够发动起来，团结起来，联合起来是有很多难度。为在有生之年彻底解决人权问题，孤儿们曾多次召开会议，并在律师的指导下，最终筹建了全国首发的阵容强大的东京地方原告团。为维持和运营原告团的诉讼工作，孤儿们每人捐出1万日元做为活动会费，而每次的集合或游行所需要的交通费则由原告们自己负担……

所有这些举动和作法，都令我感到惊奇和感动。

在10年前，一些义务支援者就已经担心了孤儿们步入老年以后的生活。但是由于孤儿本人在归国后，要苦于求生，忙于工作，又对社会不太了解，做任何事情都得需要他人指导帮助，听命于别人，无法主动和自由地溶入社会。再加上，孤儿们尽管日语不通和不懂，但为了生活他们必须得去拼命工作和挣钱，还没有时间和机会去考虑自己生活现状，并做到理性的将个人和整体孤儿的命运，苦难，向国民，向政府，向社会呼吁。

中国是由共产党领导的社会主义国家。日本孤儿们已习惯了中国的社会，习俗，观念。所以，对人生的观察，判断也基本上遵循并沿袭着中国的模式。

在孤儿们先后参加赴日寻亲和访日调查，乃至回国定居时，他们没有认识这是人生的权利，而是从朴素的感情出发，向日本政府表示感谢……

"感谢日本政府让我回国！"

"我很高兴能回到祖国，谢谢！"

"感谢厚生省！"（现改称为厚生劳动省）

当年的孤儿们一直怀着感恩的思想来认识政府本应付出的努力和责无旁贷的义务。他们曾一度庆幸能回到祖国而感到满足。

而当回国定居后，由于日语的障碍很难找到工作，由于语言的不自由，无法应对和承担自己希望并胜任的工作；而被挑剔，刁难，甚至被解职；并且，到退休时，由于年龄较大而很多人找不到赖以谋生，养家糊口的工作时，只好委屈的乞求于救助身体和生理残疾人才允许申请获得的最低标准的"生活保护"残留孤儿，对此前景是缺乏认识和准备的。

而当孤儿们日日益了解了日本社会，知道了在日本拥有言论自由，他们才考虑了自己的晚年生活，他们才发现，自己的老后生活，不踏实，没有依靠，缺少保证。

他们开始在心中产生疑问：

"我们的人生，就是这样吗？"他们感到困惑，迷茫，失落。

人缺少什么，就希望得到什么。和所有的人一样，他们渴望友一个温馨的，安逸的晚年。

"至少在晚年，希望能过上安定的日子。"

孤儿们回国后有一种紧迫感，他们必须拼命的工作。因为他们没有在日本的工龄，没有足够的老后生活年金的保证。

按照日本的政策，在退休后，国民年金的支付额是每月2万2千日元，再加上归国迟晚，工作年限短，加入厚生年金的时间少。所以厚生年金多者也多不过几万日元，注定了孤儿夫妇老后的年金的不足，结果，造成大部分孤儿不得不接受"生活保护"来维持在日本的最低层水准的生活。

孤儿有权利接受"生活保护"，可是孤儿们刚刚回国后，政府官员又反口说："'生活保护费'是全体国民的血汗钱，你们应该早点自立！"

言处之意，明确的告诉了孤儿："不管你们有没有学好日语，就必须去找工作，不能就这样'享受'国民的税金！"

于是，出于人格的尊严，很多孤儿在没有学好日语并缺少精神，技能准备时，便匆忙的被"逼"上了求职就劳之路，从事着最平常，普通而又繁杂沉重的劳动。

许多当年纷纷自立的孤儿在退休或被辞掉工作，而去求助政府时，政府官员又对孤儿们说：

"你们申请生活保护吧！"

那种口吻和语气，那种神态与目光，令孤儿们感到耻辱和冤屈。但更感到不公与愤慨！

孤儿们在脑海中逐渐在思考，

"生活保护"有被限制,受屈辱,低人一等的感觉。

我们不需要生活保护,政府应该有新的制度,来支付和保障我们的老后生活。

为了到这个目的,孤儿们在 2001 年和 2002 年,曾将"保证老后生活"的请愿书,动员了近 10 万名的签名,一起提交给了国会。

然而,国会不予理睬,政府不予理会。

在上述背景和处境的孤儿们,无可奈何的最终选择了状告国家和政府的震撼日本的行动······依据法律的裁判!

2002 年 12 月 20 日,关东地区由 629 名孤儿(即第一批原告和第二批原告的总合)率先向东京地方法院提起了诉讼;

2003 年 8 月 20 日,21 名孤儿向鹿儿岛地方法院提起诉讼;

2003 年 9 月 24 日,330 名孤儿(关东地区第三批原告团)又向东京地方法院提起诉讼;

2003 年 9 月 24 日,140 名孤儿向名古屋地方法院提起诉讼;

同一天,90 名孤儿向京都地方法院提起诉讼;

51 名孤儿向广岛地方法院提起诉讼;

10 月 29 日,4 名孤儿向德岛地方法院提起诉讼;

10 月 30 日,45 名孤儿向高知地方法院提起诉讼;

11 月 26 日,80 名孤儿向北海岛地方法院提起诉讼;

12 月 25 日,111 名孤儿向大阪地方法院提起诉讼。

截止到 2003 年底,全国的残留孤儿原告人数达到 1501 名这个数字,占回国定居孤儿 2600 人的 60% 以上。

而且,诉讼的浪潮已成燎原之势,席卷全日本。长野县,兵库县,冈山县也成立了律师团，开始筹备支援孤儿诉讼；在东北地区，福冈县，长崎县，冲绳县也正在组织律师团。

这次诉讼的特点，是全国各地区，都是先由孤儿们自发组织起原告团，进而邀请律师扶助，指导的。

可以看出，全国有这么多孤儿参与打这场官司，这说明，他们的现实状况，面临着危难，他们之所以状告祖国，完全是被逼出来的。

在这次起诉中，孤儿们对日本政府要求对每位原告孤儿赔偿3千3百万日元。但核心的问题和诉讼的宗旨是：要求政府改章孤儿的政策，把接受生活保护，改变成专门对孤儿老后的生活有确实保障的新政策。孤儿的诉讼决不是单单为了钱的补偿。

残留孤儿发起的"国赔诉讼"震动着日本朝野，影响巨大，反映强烈。社会的反映和认识是不同的。

一直关心孤儿们的义务支援者中，也有些产生着误解或困扰；

"我们一直努力地支援他们，为什么他们还不满足？"

"我们老后生活也不安心，孤儿们仅是考虑自己……"

在多年做有关孤儿工作的厚生劳动省工作人员中，也有类似的反应。他们按以往国家制定的有关条文，在自己负责的范围和职能中，感到已努力在为孤儿做事，却还不满足，心里不平衡，也无法理解，这是自然的，也是必然的。

然而，孤儿们的要求和愿望，不是指义务支援者所付出的援助，政府官员的工作态度等问题。孤儿们要求是日本政府半个世纪来一再在孤儿人权问题上的侵权与伤害的责任，要求国家重新认识和改革历史和现实中不负责任，没尽义务的法律政策。

我希望，周围的人们都能理解这一点。而为了能理解这一点，我想介绍一位孤儿的法庭陈诉。

2003年6月4日，东京地方法院103号法庭召开了第二次口头辩论会。庄严肃穆的旁听席上，做满了100多人的听众。口头辩论是每次由孤儿自己进行陈诉的，大部分都是通过翻译，用中文陈诉。而在东京都江户川区居住的苑田正枝却是自己用日语讲述的。由于她情绪激动，颤抖的声音迫使她中断了几次。然而她响亮的声音，回旋在整个法庭。不太流利的日语，却刚毅冷静的姿态，动人的陈诉内容给人们留下了深刻印象。我想，她的陈诉，会给人们新的启示……

《我叫苑田正枝。原告第556号。
我家是政府命令随开拓团去满州的。我出生在满洲，是家中5个孩子中最小的。在我二岁时，父亲被征兵入伍了。但这些事情都是我回到日本定居后，听姐姐说的。

日本战败时，我刚刚四岁。母亲领着我们几个孩子逃难了几个月，有时乘车，有时躲开中国人在晚上偷偷的走。在逃难的路上，我的二姐不幸去世了。

接着，我们被关在收容所。当有中国人来到收容所时，母亲便指着身体瘦弱的我说：

"谁好心，把这孩子抱走吧！"

当时，我母亲已病得很危险，她无法照顾和保护自己的儿女了。在我被抱走后，母亲在收容所里悲惨的死了。

收养我的第一家，是专门买人的人贩子。将我领回时，马上把我卖给了另一户农村人家，由于年纪太小，没记住这家人姓什么。以后，又卖到刘家，又被卖到煤矿工人的周家，又从周家被卖到颜家。记得从和母亲离别，到我结婚前，我一共被转卖了七次！

当年，每家都是缺少劳动力才肯收留我的，由于长年逃难，营养很差，经常有病，所以从小就干活，扫地，洗衣服等等。记得，从五岁开始，我就懂了不干活就吃不上饭。所以，当我干活干不动时，总会被挨打。

我从来没叫过爸爸，没叫过妈妈。幼小开始，从没有尝过家庭的温暖，从来没人爱过我！

在我九岁那年，颜家把我用200元卖给了张家。我不知道200元价值是多少，我哭着哀求：

"我不想去，别把我卖掉！"。

虽然他们打我，踢我，我怕到生人家，觉得还不如留在颜家。可是最终还是把我卖掉了。后来，我又被卖给了黄家，又被卖回到颜家，就象货物，东西一样被卖来卖去。

在我懂事时，别人就骂我：

"小日本鬼子！"

所以我知道自己是日本人。中国人总我：

"日本鬼子来了！"

便扔石头来打我。我不知道有多少次想到死。在幼小的心灵深处，常偷偷地想：

"若能回日本，就不会被欺负。"

心中好想回去。

在我16岁的时候，颜的侄子给我介绍

"我的宝贝"是父亲和姐姐们的合影照。苑田正枝。

姓徐的男人，我和他结婚了。因为穷，没有嫁装和婚礼。还记得，结婚时，我没把自己的身份告诉丈夫和他的亲属。

但后来，他亲属听说我是日本人，婆婆让我们俩立刻离婚。因为他们的亲人被日本人杀死了，他们仇恨日本人。我怀孕在身，婆婆让我吃剩饭。可是，我忍耐着，我不能让即将出生的孩子，象我一样失去母亲！

1972年，日本和中国的邦交恢复了。
我想回国寻找亲生父亲，通过朋友的帮助，与日本NHK电视台，日本大使馆，朝日新闻社取得了联系。1981年3月2日，我有幸参加了第一次访日寻亲调查团，回到了日本。到了日本时，受到了热烈的欢迎，心里感到还是祖国啊！然而，我没有找到亲人，觉得自己命太苦，只觉得自己的家属也许都去世了。我一直在哭，在流泪。

回到中国一个月后，从日本来了消息：

"可能有了你父亲和姐姐的线索。"我多么高兴啊！多么盼望能见到自己的亲人啊！

1982年2月，通过调查，确认了我真的找到了父亲和姐姐！可那时，见到他们时，只会一句可怜的，

"昆尼期瓦。"

姐姐紧紧地搂着我……

这是我有生以来，得到亲人的第一次拥抱！

我想回到自己的祖国，我决定回日本。可丈夫坚定的说：

"我绝对不去日本！"

五个孩子之中，有四个都不想去日本。

我好痛苦，好悲伤。我不愿骨肉分离，可我更怀念日本祖国！我相信，

日本一定会欢迎我回去的!最终,我只带了最小的女儿回到了阔别多年的祖国。战后,二个哥哥已经去世,父亲和姐姐住在长崎。我本想和父亲住在一起。然而,即使是有血缘关系,但由于语言不通,生活中有许多不便。我怕给他们增添麻烦,所以便领着女儿开始了独立生活。我在中国时,因贫穷没有上学,回国后,在语言学校学习了半年日语。以后,我通过看电视剧和新闻坚持自学日语。我看"阿信"时,觉得过去自己比阿信还悲惨,眼泪不停的留着。二本日语辞典已用得破烂。我是为了被承认是普通日本人才拼命学习祖国语言的。

　　回国定居后,为了自立,我在饭店里做清扫的工作。可是现在,我已患病干不了了。现在,每月接受九万日元的生活保护,扣除房费外,只剩下四万日元左右了。

　　接受"生活保护"意味着被剥夺了自由。三年前,父亲去世了,我向福祉所的官员提出去长崎悼唁,他们对我说:

　　"不能支付交通费!如果你在长崎超过一个星期,须从生活保护里扣除一部分钱!而且,去时和返回时,一定要向我报告!"

　　我在长崎还没有完全尽完孝心,就匆忙的离别。
我最忍受不了的是周围人的态度和说法。
在中国时被人称作:
　　"小日本,小日本鬼子!"
回到日本,有被人称作:
　　"中国人,中国人!"
到商店买东西时,售货员问我:
　　"您是哪国人?"
我再怎么努力,也不被社会承认我是日本人。

我很难过，很遗憾。我不是中国人，又不是日本人，那我到底是什么人呢?!

被朝鲜绑架的日本人，他们回国不到二个月，就给制定了支援他们的政策，好令人羡慕啊!可我们呢?归国都已20多年了，还没有针对我们的政策啊!

我们原告年纪已经六十岁，七十岁了。我们剩下的时光不多了。希望能让我们回国感到幸福。起码，能过上和普通日本人一样的生活，请法官理解我们的心情。请多关照。》

"希望过普通日本人一样的生活。"

苑田和其它孤儿们要求的是老后能过安定的生活，拥有着人生的自由权利。孤儿们提出的"恢复人间的观念"的裁判，不单单是孤儿本身的问题，而是，包含着更深，更广，更多的意义。

是什么原因使他们沦为了孤儿?战后为什么被无情放弃?日中邦交恢复后，政府为什么不立刻解决孤儿问题?为什么在归国定居的孤儿中，70%以上的人接受那"生活保护"呢?

为此，我采访了打官司的孤儿们。

啊，我的祖国！

目录

推荐致词
前言

我想过无忧无虑的晚年……23

被拐走的孩子……36

日本军队杀死了我的亲人……46

在穷苦的日子里……51

"我脑子不好使"……61

恐怖的"文化大革命"……68

被自己的政府"杀死"的人们……78

寻亲,是从民间开始的……86

归化到祖国的孤儿……95

在两位父亲之间……105

找到了亲属也回不去祖国……113

欺压孤儿的"身元引受人制度"……………… 123

就籍，取得了日本国籍 ……………………… 131

被迫自立，年金无几 …………………………… 141

"生活保护制度"侵犯人的尊严 ……………… 151

敷衍应付的国家政策 …………………………… 162

汹涌澎湃的诉讼浪潮 …………………………… 171

后记
中文版编后语

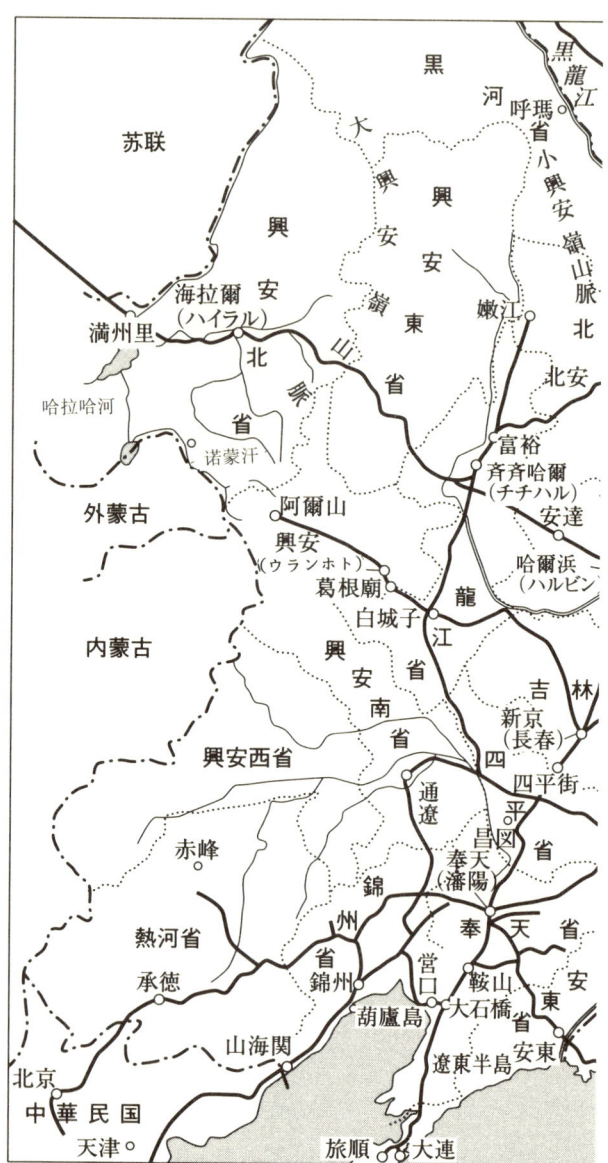

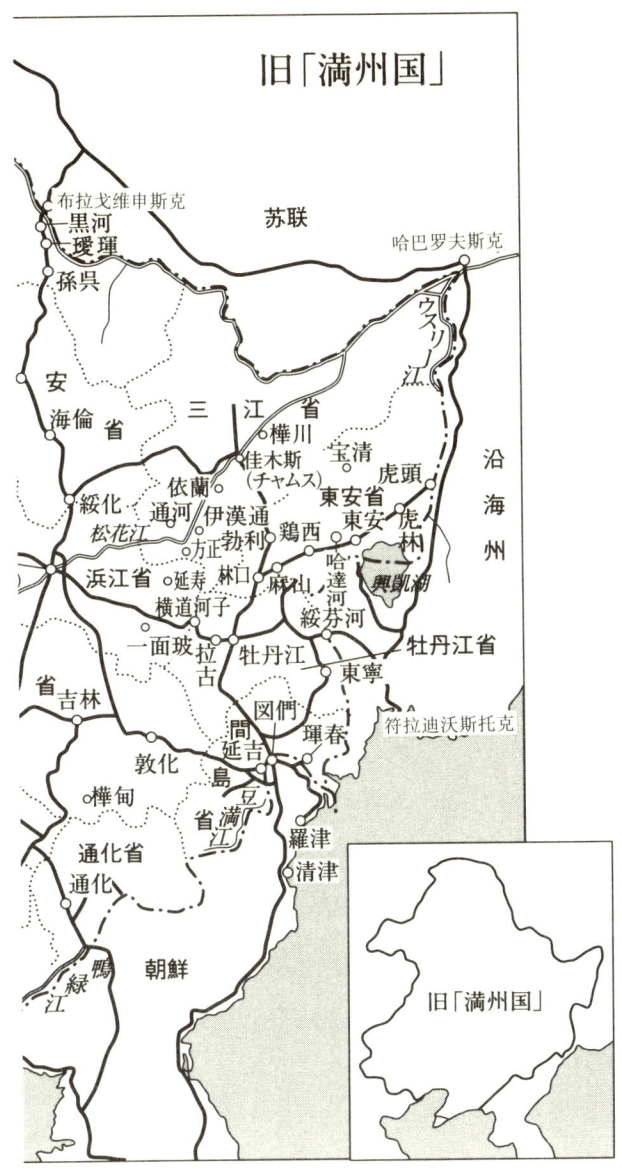

我想过无忧无虑的晚年

内海忠志(62岁)的身体在不停的颤抖着。

2003年4月18日,在东京地方法院,正在进行"中国残留孤儿国家赔偿诉讼"的第一次口头陈诉。此时,他作为629名原告团的一员,正在法庭陈述。

身着米黄色夹克衫和黑裤的他,拿着稿子的双手,由于激动而晃抖,他尽量努力克制自己,一边仰视着法官,边念着中文稿子。不太会日语的他,通过法庭翻译开始陈述自己的人生。

有几次,他读不下去了。沉默片刻,声音呜咽着,而后,又感到失态,一边咳嗽,强忍着哭泣,声音伴着泪花抽抽搭搭的勉强把稿子念完了,却足花了20分种。

稿子念完了,可他的眼珠已经红了,辛酸和悲痛的往事是终生难忘的⋯⋯

文静又温和的他住在神奈川县平冢市。他的中国名字叫"王金生"。现在,还记得58年前在中国的荒野的大地上逃奔的情景。到现在,他一听到蚊子声就会连想到堆积如山的死尸,那种臭味至今不忘。

半年前,他在横滨接受律师团的调查,当回首过去时,心脏挑得利害,再也抑制不住情绪而哇哇大哭起来,悲惨得经历刺痛着他昏了过去。

他想到了胸部开了一个大窟窿的母亲的尸体，那已变腐发臭了的母亲的遗体。他想到了那一大堆蚊蝇乱飞爬行的日本难民的尸体，仿佛那挥发出的臭味，时隔半个世纪依然闻得到……

那是1945年的8月……

他的日本父母带着他哥哥，姐姐迁入离苏联国境仅仅40公里的东安省鸡宁县(当时称呼)的哈达河开拓团。他和妹妹，弟弟是在当地出生的。

记得当时，1945年8月9日，苏联出兵东北。苏军开始向各地开拓团发动攻击。开拓团员为了被集中在某一地方，大家有坐马车的，也有骑自行车的，向目的地出发。当时，他的父亲不在家，他的母亲带着儿女爬过一个长高坡，在附近的山里长着矮树的地方坐着吃干粮，吃了些放了少量糖的饼干和一些熟肉。

天上苏军的飞机在盘旋，所以白天大家都藏在山里，晚上才继续行走。可是，不知到了什么地方，苏联飞机还是发现了他们，并投下炸弹，吓得大家都钻进高粱地里。过后，没有死的人就继续往下走。

再往前走时，又赶上了大雨，道路泥泞，马车和自行车走不了。就把随身带的行李扔下，当时他刚好五岁，记住了这些。

还记得太阳出来后，遇到了五，六个扎裹腿的日本兵，突然向日本难民开抢，大人们一个接一个的倒下去了，他也被刺刀扎了二次，便昏到了。

不知过了多长时间，躺在母亲尸体下的他醒过来了。母亲的胸部开了一个达窟窿流出好多血。周围堆积着横七竖八的尸体。过了一会儿，姐姐从死人堆里爬出来了。可是其它的亲人都不见了。从此，五岁的他和七岁的姐姐被遗留在中国的荒野大地上了。

这就是"麻山事件"。当年，近 500 名开拓团员差不多全部身亡了。其原因就是日本军队事先撤走了，而留下了开拓团民众，在受到苏军袭击时开拓团员们进行了集体的自杀，牺牲者都是妇女，老人和孩子。

这些幸存下来的儿童，便是今天的"残留孤儿"。

象当年这样被日本自己的军队抛弃，后遭受苏军杀害或土匪袭击的和采取自杀手段的，或是由于伤病或营养不良致死的人数，在当时迁入满洲的大约 155 万日本人里，有 20 多万人是在日本战争前后死亡的，开拓团员约占了 40%。

战争之前，日本政府执行开拓满洲(中国东北地区)的国策。在 1936 年决定了将在 20 年间向满洲派出 100 万户人的开拓满洲的政策大纲，从日本各地招收开拓团员派往中国东北。到 1945 年 5 月为止，总共派遣了 32 万人。5 月以后，尽管战争越来越紧张，可是政府还在继续向满洲强行派遣人员，一直到 8 月份。

1945 年 8 月 9 日苏联出兵，致使日本关东军抛弃了一般日本人往南逃跑。分布在苏联国境附近的开拓团遭到苏军和本地土匪的袭击。由于开拓团的成年男子都被征兵入伍，只留下了妇女，老人和孩子，那些没有体力的老人和孩子们便在逃难之中相继死亡。又由于孩子成了逃难的累赘，杀死自己孩子的母亲也大有人在。"中国残留孤儿"就在这种特殊情况下产生了。象他一样从集体自杀中逃出来的孩子为了生存被中国人收养，或者是由母亲将孩子委托给中国人收留才可能生存下来。

在"满洲开拓史"(满洲开拓史刊行会出版)里，引用臼井胜美先生的文章，记录了苏联参战后的情况是：

8 月 9 日，大本营对关东军发出命令；"作战的主要目的是保卫朝鲜,放弃满洲"。所以遭受苏军袭击和受害最悲惨的就是靠近中苏边境附近的日本开拓团和一般日本人居住地区的平民。日本军为了迷惑苏军,故意把平民放弃在那里做替死的。当时开拓团中的大部分成年男子都被征兵入伍了,留下了仅仅都是老幼妇女。再加上日本政府从中国农民手里把田地抢来让开拓团使用,所以中国农民对日本人很憎恨,而且,日本政府强行征用大量农民到煤矿做苦力,并苛刻的对农民征缴高粱,黄豆农作物做为"战争末期的劳务动员",所有这些原因,造成了中国农民对日本人的反感和仇视越发强烈,一旦日本败降,便可想而知,开拓团和普通平民在逃难时的遭遇和命运了。

逃难时的他头部已受伤,(伤疤到现在依然能清楚看见)但在当时没经过治疗,带着伤必须跟着姐姐找吃的。但是每天要到那里找吃的,能吃到什么,都无法记得了,只记得肚子都饿得要命。只记住了有一次在一个茅屋,一对老夫妻在熬粥,老头看见了内海姐弟在门口偷偷的瞧,觉得可怜,要把玉米粥分给他们,可是老太太却拿起棍子冲姐弟俩跑过来,吓得他俩撤退就跑……

两人在白天找吃的,晚上便回到母亲的尸体边睡觉。过了几天母亲的尸体开始腐烂,那臭味和死去的动物一样,可他们还是舍不得离开母亲,依旧搂着母亲的尸体睡,就像母亲还活着一样。

一个星期以后,一个路过的中国人发现了他们,他已经饿昏了,神智模糊,中国人也许是想要男孩子吧,便把他抱起来背走了,但却没将姐姐带走……从此,再不知道姐姐的下落了。

后来,这位中国人的大姐夫妇收养了他,这是一对年约 40 岁的夫妻,家中还有一个比他大六岁的女孩。

刚被领回家时,他头上受伤的部位流着脓水,胳膊和腿被蚊子咬的肿得胖胖的。养母看到后，十分担忧："这孩子恐怕活不了，我不要！"可养父说："要是死了没办法。活下来的话就养他吧，先看再说吧。"

原来，养母曾生过5，6个孩子，都因生活条件太差，一个接一个的死去，仅留下了一个女儿，所以，很需要个能干活的男孩子。

养母家中生活很困难，请不起医生，他们只能用烟草叶子泡水后洗身体消毒。当然，平时没有大米，吃的只是高粱和窝窝头。

尽管如此，他的身体还是慢慢地恢复起来了。于是，开始帮家里干活，担水，砍柴，放猪等杂活。早晨天一亮就出去放猪，放牛，天黑才允许回家。他居住的村子很穷，只有山和草原，没有耕地。他每天要领着另外三户邻居家的猪和牛一共30头到不同的地去放牧。

当时山区里有狼出没，常常有孩子被害的事件发生。他也很害怕，每天都要硬着头皮去放牛，和他一样大的孩子都在上学。他回忆说："想起那时候直苦啊。想死吧，也因为年纪太小，不懂怎么死才好。"

没有鞋穿，衣服也是破破烂烂的。养父母不识字，养母是缠足的。长到十岁左右才开始上学。没文化的养母不同意他上学，可是邻居们看到拼命干活的他，觉得可怜便劝养母让他上学。第一天上学，他万分激动，因为他第一次才穿上了鞋！

春天时，地上长出了青草，他得早晨3点钟起来去放牛，气温才五，六度，草地上虽然雪化了，可地上十分泥泞，他舍不得穿鞋，只好光着双脚，脚冻得通红，就把脚踩进牛粪中取暖。放完牛后，在去上学。放学后，再去放牛，一直到了天黑，必须让牛吃好。开始是和养父一起担水，割草，慢慢的只一个人去干活了。

到了九月份割麦子的季节，村民们相互帮助收割。他也一起参加过，在里面就他一个小孩子。

在学校里，他被同学骂是"小日本"。然而，无论同学怎么说他，骂他，欺负他，他始终不说话，不反抗。他爱学习，因他学习好，老师对他也很好。听说同校中还有一个日本孩子，但他没有勇气与他交朋友，担心两人在一起被别人看见，还不知会怎么说哪。所以也没有勇气跟那个日本孩子交朋友。

在80名小学毕业生中，有20人报考了中学，其中包括他共5名考上了中学。养父母开始时不同意他上中学，还是姐姐劝说道："考上了中学，可以调换成城市户口，工作条件也好。"支持他念书。最后养父母同意了。

因为在那个年代，出生地局限着人们的发展和前途，农村出生的人，只能一辈子在农村，有户口限制，只有偶然的机会才可能从农村出去到城市。他就是这样从农村闯出去的，他认为有知识在城市也可以找到好工作。

他读书的中学，是离家30公里的滴边区第5中学。学了三个月后，他拿到了城市户口。他16岁是便到电站做学徒工，一个月的工资有18元，花了饭费5，6元外，把剩下的钱全部送给养父母，养父母很高兴。

在工作单位，他随电站职工们一起到日本军队屠杀中国人的地方去听日本法西斯特在中国犯下的罪恶，接受历史和阶级教育，知道了那时日本强迫中国人在煤矿当苦力，为防止中国矿工逃跑，就将中国工人的眉毛刮掉作记号，那时的矿工，只能吃到少量的高粱米，如果得病了或者干不了活了，就会被扔进沟里任其死亡。他一边听讲解，一边想到："怪不得我受欺负，是因为日本人做了这么多坏事。"同时，在心里暗下决心："千万不能让别人知道我是日本人！"

1960年，通过他人介绍，他跟同龄的李翠梅结婚了，她是养父母同村的熟人的侄女。当妻子知道了他的身份后，很同情他，而他的身世也成了夫妻俩人的秘密。妻子的户口在农村，所以她无法跟他一道生活在鸡西市，结婚后依然留在农村。

1962年，他工作三年后的一天，有人故意到他工作单位把他的身份告密了，单位领导立刻叫他进行询问："你给海外写过信吗？""我没熟人，没写过。"他回答说。他始终没暴露自己的身份，总怕发生什么事。

1966年，文化大革命开始了，单位又把他叫来审查："你是日本人吗？""我不知道。"他这样回答。"你工作干的好申请入党吧。你若是承认自己的身份，便允许你入党。"但他始终不承认自己的身份。

在当时的形势下，如果做错了一点事，就会被挨打批斗，甚至可能打死，他单位的干部都在集会时被挨斗给打死了。他知道，虽然入党后会有职务提升活其它优惠，但为了保守身世秘密，他不能公开身份，所以没填写入党志愿书。也许，正因为这样，文革中大字报没登过名字，大会上也没受过批斗。

然而，1971年他突然被调到100公里以外的农场，去开拖拉机，虽然单位领导没有问他说明原因，但他心里知道，是因为受到"日本"的牵连。

去农场之前，养父去世了。他把妻子，孩子，养母接到农场。三年后，养母也去世了。对于养父母，他总是感慨的说"虽然养父母让我干过很多苦活，但是他们救了我的命，才能活下来，比死去的孩子要好得多，我还是感谢他们的。"

在农场，虽然没有因为我是日本人而受到批斗，但是一般开会，总不让他参加。有时问别人开的什么会，别人总是这么回答他："你不能参加。"

同事的孩子们也责骂过他的孩子："你爸爸是日本人！"所以，正是由于日本曾侵略过中国，所以，才造成了残留孤儿受到歧视和迫害的现象。

1972年，中日邦交恢复。他是在农场的电视里得知的。在农场里他到电影"樱花"时，才萌发出对亲人的思念。但是他连自己的姓名，出生地什么都不知道……

这时，他听说附近有一位残留妇人便找她去了。原来这些残留妇人要比孤儿年龄大，都是日本战败后，未能逃走的人们。由于，失去亲人，而为了生存便不得已嫁给了中国人，所以她们知道自己的身世，日语也懂，当年的事也记得也清楚。

他把自己能记得的事都对那位残留妇人讲了……当时的房子旁边有口井，有大马路，马路前边有铁路，还有一座草山，草底下烂了后都变作了肥料等。"

残留妇人和他一起到回忆的地点去查看。可地势与他的记忆不太相符，井也没有。正在快灰心的时候，突然发现附近有所房子，他便去询问住在里面的老人。他向老人讲述了自己的过去，老人想起来了，对他说：
"过去的事，和你讲的那样。"原来，老人是他家当年的旧邻，老人还告诉他，日本名字叫"内海忠志"，以及他父亲的名字。

他马上给日本厚生省(现在的厚生劳动省)和北京的日本驻华大使馆写了封信。"我要求去寻找亲人。"，信是写过了，但却一直在等待着消息。直到1980年，他听说日本访问团来到鸡西市，团里还有原哈达河开拓团的人，他请残留妇人做翻译，把他的情况讲给了日本人，那个日本人回国后，真的找到了他的父亲。

1982年，他收到了日本父亲的来信，由残留妇人做翻译给他听。他很高兴，但又忐忑不安。真没想到，父亲还活着！他相信经过各种线索的核实是不会认错的。

原来，他父亲被征兵入伍后，先被扣留在西伯利亚，1950年回日本后，听说开拓团的同事和家属都死了，他相信了。父亲当年回国后，

拼命干活买到喜爱的车，是他重要交通工具

又和一个寡妇结婚了。那个女人的丈夫也死在了中国。父亲家中有后妻带来的三个孩子，再加上新出生的二个男孩子。

他找到父亲，很想马上见到父亲，可是没那么容易。继母来信说："你回来后也不能分给你财产。"他回信讲："我不是要财产，才想回去的，只不过是想回我的家去。"连连写了几封信，要求回国，后来继母和姐姐才答应了。

1984年3月，他回到了想念的祖国。那是公费的探亲，短期的回国。父亲到成田机场接他，父子二人无言的拥抱，痛哭失声。他回到了在神奈川县的父亲家，可是语言不通，县政府的翻译来的时候少，不来的时候多，所以父子二人无法沟通思想。回忆当时说：

"当时，就感到由于语言的不通，使亲属的感情也回不来。"

继母很少说什么，但她肯定不愿意让他回来，因为父亲家有房子和土地，还有30头乳牛等财产。在逗留之间，他虽不会语言，也帮助家里干活。他几次对父亲说"我想回来定居"，但父亲不同意："不行。你

回来的话，孩子们找不到对象"，他知道这不是父亲的心里话，是继母让父亲这样说的。

三个月后，他回到中国，又给父亲写过几封信要求回日本，可父亲始终不同意。

他在中国认识一位残留孤儿回到了日本，这位朋友同情他，把他自己的身份保证人，住在京都的义务志愿者介绍给他了。他立刻写信与之联系。回信说：

"您已经找到亲属，我不好做您的保证人。不过，您的亲属不给您当保证人，我愿来做保证人。"

看到这封信，他高兴极了。

京都的这位保人给他父亲写过信，但一直没有回音，所以才决定给他当保证人。他开始办理回国手续。突然接到日本亲属来信，表示"我们做你的保证人"，他说"可能是亲属们觉得不好意思了吧。"又慌忙的更换保证人，把定居地也从原定的京都改成了神奈川县平冢市。

1986年2月，他一家五口人终于回到日本定居了。

当时的政策，从原则上讲，回国探亲或定居都要由日本亲属来办理手续，定居的保证人也要亲属来做，所以花费的时间拖延了很久。

他不理解，也很愤慨：

"日本人回日本怎么要保证人呢？亲属不给担保就回不来，真没有道理。为什么政府不直接给办理呢？亲属不当保人就必须得找其它日本人担保，那在中国如何能认识和找到日本保证人呢？"

"现在，我已理解了当年亲属为什么不同意我回国。是由于多年没见过面，语言又不通，谁也不愿意照顾这样的人。其实问题还不在这里，决定回不回来的权利在于孤儿本身，而孤儿要求回国，就应由政府负责办理手续，政府不应把责任推到亲属上。"

他父亲在10多年前去世了，继母也相继去世了。现在他和日本亲属的关系很好。他感动地说：

"回国后，才和他们成了真正地亲属，我们处得很和睦。"

从1986年2月分，他带妻子，二个女儿和儿子回国后，住在了神奈川县平冢市县营住宅，开始在藤泽市的日语学校半年日语，然后又上职业训练学校学习焊接一年。1988年在制造拷贝机厂做正式职员，包括加班费，一个月能拿到20万日元。妻子也在瓦楞纸板厂干短时工，1小时工资是600日元，夫妻二人的收入30万日元抚养三个孩子。

刚开始的半年，上班骑自行车需要40分钟，后来考取了汽车驾驶证花了积累的60万日元买了一辆家庭轿车。

虽然生活不太富裕，但此中国强得多。在中国时没有自来水和煤气设备，更提不到买冰箱，平时也吃不上肉，只有逢年过节时才能买肉吃。

回日本后，大女儿念完职业学校后结婚了，二女儿和儿子从小学到中学毕业后便开始了工作。他不觉得累，他认为在中国时比这苦。

然而，在日本的工厂中，他也受过欺负，"哪儿都有好人和坏人。"他这样想。

厂子里还有职工200多人，由于他干得认真，效率也快，有人发牢骚："你干得这么快，我们怎么办？没有加班的活了，怎么办？"

有一次为了帮助一位柬铺塞的同事，好心地把零件名称写在纸上，准备贴上的时候，受到了上司不问青红皂白的批评。"我在中国只上了六年学校，别说罗马字，就是日语也不会呀，可我就什么也不说，只是忍着，到哪个车间都这样。尽管这样，也比没有工作好。"

还有他工作如有过错,"内海,错了!"连二楼都能听得到。同样的对别人就不这样。

他工作了 12 年 5 个月,最后在 2001 年 3 月份退休了。60 岁不会日语的男人很难在找到工作。

他的工龄比最近归国的孤儿长一些,但比一般日本人还是短,所以厚生年金 1 个月只有 5 万日元,县营住宅的房费 1 个月是 3 万日元。62 岁的妻子从二年前开始在洗衣店打工,一个月挣 14 万日元。现在只能靠她的收入维持生活,如果她不打工的话就不能生活。

他说:"妻子身体也不算太好,患了胆囊结石,膝盖有病,住过院开过刀。可是为了生活,还得咬牙坚持工作。

现在开的汽车是买的第二辆。是拼命干活买来的车。如果接受生活保护的话,就不允许家里有车。而要回中国探亲的话,要按离开日本的天数计标,从生活保护费中扣除钱。

有车不行,有录像机也不行,吃生活保护没有自由。生活保护制度原本是为了患病不能工作的人而实行的。不适用我。如果能早回国的话,工龄足够,厚生年金足够就好了,我要追究日本政府一直不让我回来的责任。"

在 1994 年,议员立法制定了"中国残留邦人等归国促进自立支援法"没有交付国民年金保险费,也可以拿到相当于国家负担的,全额的 1/3,也就是一个月只有 2 万日元。

在 1999 年的调查里,65%的孤儿已接受了生活保护,而且年年在增加着,由于生活保护制度存在种种限制,使孤儿们受到委屈,所以孤儿们下决心打官司。

他深有感触的说:

"在中国艰苦，回日本后又觉得委屈。我只想过无忧无虑的晚年生活，没什么太多的要求。只希望日本政府承认孤儿政策错了。日本经济水平高，对外援助多，但应该把自己国家的问题先解决，我们在晚年生活困难的主要原因，就是国家把我们长年抛弃在国外。"

被拐走的孩子

　　住在横滨的佐野奈美(64岁)是被中国人拐走成为孤儿的。她出生在静冈县富士市。三，四岁时，她家做为开拓团员去了中国东北牡丹江省东宁县(当时的名称)。当时家里有父母和比她大二岁的姐姐和小二岁的妹妹。

　　东宁县的村里有一条河，父亲常带她去钓鱼。在河这边住着十几家日本人，河的那边住着中国人。当时父亲曾带她去过中国人家串门，他们还给过父女俩玉米煎饼，中国人到她家串门时候，父亲送给他们西瓜。但没记得和中国孩子玩过。1945年，弟弟出生了，过5个月后日本投降了，当时她已六岁了。

　　那年，飞机在天上飞来飞去，乱哄哄的。父亲在家里听完广播后说"完蛋了！"。这一句话她记得非常清楚。她和全家人一起钻进了防空洞里躲避，一天后，村民们都跑光了。

　　她一家人是走着逃难的，到了第二天黄昏，前边出现一户农家，周围地

佐野奈美，给我包饺子吃。

里的玉米已经结成果实了，大家掰下玉米煮着吃。

边偷庄稼吃边走，也不知往哪儿走好，只是走个不停。可能走了二个多星期，有一天走到了马路上，路上停着吉普车，没有人走动，大家正在提心吊胆，突然有枪声响起，吓得大家全部蹲下，接着又拼命地跑。母亲背着弟弟向那边跑，父亲背着妹妹向这边跑，她跟父亲跑，一会就追不上了，等找不到父亲地身影时，觉得害怕，又回到了原来的地方，发现姐姐还在原地躲着。她俩再走夜晚便在草地上睡觉了。

第二天天刚亮，就又开始找父母，转遍了山丘和草原，甚至爬上树四处张望，还是找不到父母踪影。后来，在一个草地上发现很多苍蝇落在一个孩子的尸体上，好像是个自己的妹妹，可是由于年纪小害怕，也没敢仔细看。

她俩在山里走着，饿了吃野果和草。有一天，正在找水喝的时候，被苏联兵的卡车发现，苏联兵士追上了拼命跑的姐妹俩。

她俩以为会被杀死，可是苏联士兵给她俩每人一个面包吃。他们打开她的背包，里面装有衣服，弟弟的奶粉和一些日本钱等。他们拿走了奶粉和钱，然后把背包还给了她俩。然后，让姐俩上了卡车，走了好几天，到了拉古收容所。这里收容了很多日本妇女，在一个有很多人的大屋子里睡下了。

第二天，她跟着妇女们到附近的河边洗脸，姐姐留在屋里。当她正蹲着洗脸时，突然来了三个穿黑衣服的中国人，他们用黑布蒙上了她的头和脸就这样被拐走了。

现在她回想着不由得抽了一口烟擦眼泪说："我为什么一个人去河边哪……"

后来坐马车走了三天，到了姓姚的拐骗犯的家中。这时天气已冷，姚家给她棉衣，也给她馒头吃，她很想吃日本饭团，可还不会说汉语。在这里住了一个月后，牡丹江的姓张的人收养了她。

张家养父母是 30 来岁的夫妇。到张家的第一天，她在炕上跪着，养母看了便打她膝盖："跪着坐的是日本人，不许这么坐！"

养父母怕她跑，门窗都锁上了，她要是打开窗户就会挨打。挨过几次打后，她没有勇气敢跑了，她知道怎么哭叫也没人来救她，只能在这里呆着。

养父母就她一个孩子。养父是干纺麻线的，养父对她挺好。可是养母脾气大，对她很凶，而且常打她。

她在养父母家住了下来。每天都比养父母起得早，先要烧火，然后再帮养父干活。不知不觉中，她学会了中文，但却忘掉了自己的生日，只记得年龄。

在 11 岁时，念过一年小学，但不久，因养父得了肺结核，生活困难念不了了。之后，她去木材运输站去捡木柴，生活十分困难。于是，她和朋友一起到劳动局请求就业，当被分到纺织厂时，没想到机器又高又大够不到，管事的看她样子问她："换轻活吧。你多大了？"她老实地的承认自己刚刚 14 岁，于是立刻被解雇了，原来，16 岁才可以上班的。

1953 年，在红十字协会援助下，重新开始了民间的日本人返回活动，在牡丹江市也召集起了在中国的日本人。这时一位邻居妇女看她在养父有病，家境贫穷和常挨养母打，十分可怜，便带她去了公安局。

她向公安局提起要求：

"我想回日本。"

后来又和养父母是熟人，姓刘的中国人商量此事，刘说：

"你连自己叫什么，住在那里都不知道。想回去，你父母也不一定还在，你回哪儿啊？还留在我这里干活吧！"

刘先生是位厂长，15岁时，她住进了印刷厂宿舍，开始了工作。不久养父病重去世，剩下养母一人。为了照顾养母，她也曾回到家里和养母一起住，后来，养母又嫁给别人，而且依然那么粗野不得已她又回单位宿舍住了，只有偶尔回去看看养母。在1964年，养母患肺结核也去世了。

每回忆起养母，她总是说：

"虽然养母对我不好，可是她救过我的命，我们一起过了七年。我还是感谢她的。"

有的养父母对孤儿再怎么不好，但起码是救了敌人孩子一条命。所以，孤儿们对养父母还是感激的。

从那以后，她一直在工厂上班，19岁时，和同事处了对象，结婚了。由于她工作积极，再1000名职工的工厂里，多次被选上了劳动模范。她还担任过厂篮球队的队长呢。

她的丈夫是党员干部，加上她的表现不错，文革中没有受到什么迫害。大女儿学习不错，还上了重点中学。

1980年，厚生省来信，她将信偷偷藏起来了。她怕影响丈夫和女儿。虽然她的身份很明确，当地的公安局也是知道的，可还是不想让周围的人知道。文化大革命都过来了，现在做为中国人在中国生活，也放心了。她也不了解日本现在的情况，自己叫什么？与谁联系？一无所知。

但是，公安局的干部问她："你怎么不想回日本呢?好多孤儿为了寻找亲人都回日本了。"但丈夫却说："不知自己的姓名,回去也没有意思。"始终是消极的对待回国寻亲问题。

以后,公安局的同志又来劝她:

"就等于去一趟旅游也好哇,费用都由日本政府来承担,找不到亲属,去日本看看也行吧……"

最后丈夫也同意了。临行前一个星期,她把自己的身世第一次告诉了大女儿。

1990年2月,她参加了第五批访日寻亲补充调查团到了日本。

日本政府的中国孤儿访日寻亲调查是在1981年开始的,可是到了1987年2月份的第15批访日团之后,政府便想结束孤儿访日寻亲活动,后来,政府受到国内外的批评……"还有很多孤儿在中国,为什么要结束?"

在同年11月份,重新开始调查,这叫补充调查。她就是参加了第五批的补充调查团。

那天,由于飞机晚点,到达成田机场时,天已黑了。等第二天亲眼看到了日本干净整洁的市区街道时,她感到日本很漂亮。

2月21日,她见到了一位老妇人和一位象女儿一样的妇女在调查室里等与她见面,她内心在想:"她们是我的亲人吗?"

老妇人向她问起家属一起避难的情景,她把离开父母后和姐姐逃难时的情形说了,自己的名字不知道,她说记得妹妹的称呼叫"琦嫱"

这时,坐在面前的日本妇女们叫道:

"那是我女儿!"

"那是我妹妹!"

这位老妇人对她说:"你叫我妈吧!"

她半信半疑，希望血液鉴定。但是由于提供的整个避难的情节和妹妹的情况都令人相信，被认定她们之间有血缘关系。

母亲让她到家去，她去了静冈县富士市的老家住了三天。不会语言只是掉泪。但跟姐姐靠在一起长得很象，渐渐体会到这亲人是真的。母亲已75岁了，父亲在八年前已经去世了。听母亲回忆，父亲临终前还说："有一个女儿还在中国。"她万分感动，给父亲扫墓时，合掌祈祷着，对父亲说："爸，我回来了。回来的太晚了。"

访日调查结束后回到中国。同年夏天，母亲和姐姐夫妻来到中国，大家一起到拉古收容所遗迹去看了看。依然认得是她被拐走的地方，当时的房子还在，见到遗迹，姐姐伤心得哭起来，姐姐说："当时以为她掉到河里了，一直沿着河边找她。"

因为姐姐记得自己名字和家地址，所以自己回国了。后来父母和妹妹，弟弟也回国了，回国后又出生了三个妹妹。

姐姐说，每次访日寻亲团来日本，她都拼命的看所有孤儿的情况。这次是在报纸上看到她的照片，就相信绝对是妹妹！

在1990年秋天，我到中国牡丹江市她的家中去采访。当时她还在她原先15岁开始工作的厂子上班。夫妻俩有300元的收入，虽不算多，但也能够过日子的。我问过她想不想回国定居？她谨慎地说：

"想过。但是有的日本亲属说我留在中国好，认为不会日语回来干吗？自己也说不清日本和中国那个好？日本亲属也不那么富裕……"

但她惦记着日本。后来，通过与日本亲属书信交往，她决定回国定居。

1992年，她与丈夫，女儿回日本，进住埼玉县所泽市的中国归国

着定居促进中心，学了四个月日语后，定居在横滨，妹妹来做她的"身元引受人"。※1

到横滨后接受生活保护上日语学校 6 个月后，找到医院的清扫工作。1 个月收入有 12 万日元，不够的生活费由生活保护来弥补。

丈夫在中国时，已身体不好，干不了重活。来日本之后，肺病没有痊愈，所以不能工作，接着上学。生活指导员经常到她的单位说：

"你丈夫找工作吧。一天二，三个小时也可以，让他工作吧！"
她回答说：

"他不是不愿工作。"

但指导员不听她解释。有一次指导员和区政府的生活保护担当员竟然把她丈夫领到她工作单位去了！她禁不住变脸色都变了，

"你们这样逼迫我，那么我辞职，这是不是逼我回中国去！"

她为了成为正式职员，拼命的干活。在中国，她负责技术方面的工作，在单位她口渴了，部下马上来给她端茶来。可是在这里做拿着拖布的工作，非常辛苦。不过她总是安慰自己：

"日本人也是一样这么干！"

后来，她丈夫自己到职业安定所找工作，记了一家公司的电话号码。女儿代替父亲给公司打电话联系。丈夫去公司面接时，原来社长也是从中国回来的，一看就喜欢，第二天就开始在上班。丈夫的工作是磨照明玻璃。1993 年 7 月丈夫正式工作，夫妻不再领生活保护费了。

"还是自己劳动比吃生活保护好得多。丈夫因为身体不好，所以找工作需要花时间。"

丈夫也拼命的工作，所以社长觉得他可靠，对他非常好。有时还请他去喝酒。不过同事们对他嫉妒，道具丢了，玻璃碎了都故意责备

他。

有好几次，丈夫下班回家后，气得流眼泪，哭着诉苦：

"若是会说日语，不会这么受欺负！"

过了5年后，丈夫经常发烧，看病也查不出原因。吃完药，他说不要紧，勉强地去工作。有过了不久，他呼吸困难，再去医院检查，才发现了患了肺癌，立刻住院动手术，但是癌细胞都扩散了，来不及治疗了。

1999年8月17日晚8点，医院规定的探室时间结束，但是看到丈夫显得很难受，她想留在丈夫身边，可是由于语言说不明白，护士也听不懂，丈夫也劝她："没事的，你回去吧。"就在那天半夜，丈夫去世了，年龄刚刚62岁。

现在，家中摆放着很高级的丈夫的灵牌佛龛。她感到：

"丈夫在日本很辛苦，买这样的佛龛是应该的，我想好好地供奉他。丈夫的骨灰安葬在 "归国者的墓"里。如果把骨灰拿去中国，我不能常去扫墓。在日本，狗也都有自己的墓，我们没有自己的坟墓。"

"归国者的墓"是义务支援者为了归国者建立的公墓。

她现在接受丈夫的遗族年金生活，1个月有9万多日元。过了65岁以后，还可以拿到1个月2万日元左右的国民年金。虽然不富足还能生活下去。

可她还是参加了诉讼斗争的行列。

"我自己的问题不算大，可是考虑到全体孤儿的话，我还是参加了。虽说生活保护制度规定医疗费免费，不过没有生活自由，回中国探亲被扣除生活费，做什么都被管制。"

以前，有一位孤儿遇到交通事故，对方赔偿他一万日元。结果又被从生活保护费中扣除掉一万日元。

"接受生活保护我觉得不好意思,我姐姐还在工作呢。我如是不工作光坐着吃生活保护,给姐姐丢面子。在中国时,大家都知道我是日本人,所以,总想比一般中国人更拼命的干活。由于自己的工作效率快,所以,年年被选上优秀劳模的。在别人叫我'小日本'时,我更加使劲干活。回到了自己祖国反而没有了生活的自由,这……"她感慨万分,说不下去了。

她回国后马上自立了,没有时间与别的孤儿来往。她说:"我们亲属关系很好。丈夫去世后,非常的寂寞。"

现在,六岁的孙女经常来看奶奶,她还去托儿所接送孙女。孙女对她讲日语,她对孙女讲汉语,虽不协调但也能勾通。可当孙女问她:

"姥爷到哪儿去了?去中国了吗?什么时候回来?"
这时候在她心里总有说不出来的寂寞感。

※1 "身元引受人"……1985年,当时日本厚生省为制定"身元引受人制度"所发起的。在这之前,判明身份的残留孤儿,应办理外国人入境时,必要由日方的亲属来担任的"身元保证人"之职,才能回国定居。未判明身份者由于没有人来作"身元保证人",无法回国。中国政府和日本的义务支援者们指责"真没有道理,都是同样的残留孤儿"等等。所以,厚生省为了使未判明身份的孤儿也能回国定居,制定了"身元引受人制度""身元引受人"是含有善意义务性的,由第三者来担任。先由厚生省募集民间人士,后介绍给孤儿。厚生省又解释说,任务是把孤儿们从定居促进中心接出来,还有办理住房手续,帮助就职,日常生活的照顾,办理孩子们上学的手续问题等等,尽到所有的援助。实际上,"身元引受人"也是尽了自己的职守。法务省也承认了,厚生省制定的介绍"身元引受人",是为了让未判明身份的孤儿能回国的制度。从此,在判明身份人中,也有因为亲属不给作

"身元引受人",以致不能回国定居的人越来越多。厚生省在1989年制定了"特别""身元引受人制度",判明身份的孤儿,可以以"特别身元引受人"为准则,如找到第三者就能够回国定居,实际上,在中国居住的孤儿们,要想找到"身元引受人"真是谈何容易,几乎没有效果。这种情况下,受到了严厉批评的厚生省,1994年改订为,在亲属不给作保证人的情况下,判明身份者和未判明身份者,都给予介绍"身元引受人"可以回国定居。

日本军队杀死了我的亲人

住在横滨的田中淑子(64 岁)，有一件事一直藏在心里，即使是对丈夫和孩子们也没有透露过。

"我觉得到了现在说这个也没有用，说出来我就难受，痛苦！"

一想起自己遗留在中国成为残留孤儿的往事，她就难过得好几天也恢复不过来。现在，她也是原告之一，她参加诉讼的目的和要求是什么呢？回顾自己走过的历程，她极力的克制内心的情绪，叙述着当年的遭遇……

她不知自己的一家人是什么时候到的中国，当她懂事时，已经在中国了。记得她六岁的时候，有一天，平时老不在家的父亲突然回来和母亲说着什么，说完又匆匆出去了。母亲慌忙的收拾行李，背着刚出生的弟弟，拉着三岁左右妹妹的手，走出家门。这时，日本的邻居们也都从家里出来了。

好几辆卡车停着，卡车上有大人，孩子还有日本兵。她们一家也挤上车，但是不知去那里。

卡车开了几天，最后走不了，

在家和来访支持者交谈，中央为田中淑子右为丈夫。

变改换马车。坐马车逃难时,苏军用飞机用机关枪扫射。大家吓得往低洼地跑。子弹飞来飞去,中弹的人一个接一个的倒了下去。

"往我身上打吧!"也有的女人绝望的朝着苏军飞机喊着。
周围尸体遍野,景状恐怖。她身体哆嗦着和母亲,妹妹,弟弟一起趴在地上。过了一会儿枪声停止了,象是空袭过去了。母亲又带她们到前边去找父亲。她逢人便问:

"我丈夫那里去了?谁见到我丈夫了?"
遇到一个日本兵,回答说:

"不知道。恐怕死了。天黑了,你们还是回低洼地吧。"
一个士兵带领她们回到了低洼地:

"天不早了,你们睡吧。"
她们在尸体堆成小山一样的地方躺下。可是,万万没有料到,那个日本兵突然向睡觉的人们开了枪!不知过了多久,周围的人都死了,母亲,妹妹,弟弟也被打死了!

过了许久,又有一个七,八岁的女孩从尸体堆里爬出来。她俩便结伴在一起,渴了便在水洼里饮水充饥。这样,过几天,开卡车路过的苏联军人把她们拉到了白城子。以后,她俩分别被养父母收养了。

她就是这样成为孤儿的。她回忆说:

"我家当时能坐卡车,也可能是军属吧?"可是她没有确切证据,找不到亲属。战败时,不少日本人认为做俘虏还不如自杀,所以自杀和强迫自杀的很多。

她被收养后,养父母家也从白城子到乌兰浩特,养父做林业管理工作,后来,又搬到内蒙古的通辽市。在这里,她上了小学,因为不会说中国话,被人骂"日本人",而且身体虚弱,常爱得病,18岁时才才毕的业。

1958年毕业后在通辽当老师。1962年，和国营企业做会计的丈夫（现67岁）结婚。由于这个地区只有她一个日本人，所以大家都知道她的身份。1966年文化大革命时，她在学校时，人事关系很好，所以文革中也没有受到冲击，但是她养父却因为收养了日本孤儿的原因，被大字报点名批判，又降了级，还被红卫兵押解游街示众。

1972年，中日邦交恢复时，她也没有感到激动："我对日本不了解，对日本也不感到亲切，也不认识日本亲属，我的亲人都在中国去世了。"

1986年初，公安局的人突然到家问到：

"你是日本人吧，怎么不找亲属呢？"

"我父母都在中国去世了。丈夫和孩子都在这里，找亲属有什么意思？"

"你就是回日本看看也好吧。"公安局的人这样劝她。

她参加了同年6月份第十一批访日寻亲调查团，初次呼吸到了祖国的空气。

"日本街道很干净，人们有礼貌，是个很好的国家。"她抱有好感。可是没有找到亲属，也查不到自己任何线索。

当时日本的政策是，找不到亲属的孤儿也可以回国定居，但是已年满18岁以上的子女不能一起回来。她大儿子，大女儿已也结婚了，要是她回国定居的话，只能带丈夫和二儿了先回来。她觉得："我从小一个人留在异国他乡。不愿意让孩子们也感到孤独。"所以没有立即想回国。

但是随着时间流逝，想法也有了改变。

1994年退休后，又和丈夫一起参加了中国残留孤儿援护基金举办的短期归国旅游，在日本逗留了二周。1997年又带大女儿，1999年又带大儿子参加了短期回国。

经过几次观察思考，大儿子建议说：

"妈妈，你为什么不回去呢？生活苦一点没关系，我妻子不能回娘家也没问题，咱们回日本吧！"后来，丈夫也同意了。

2000年6月，丈夫，大儿子一家一共五口人一起回到了日本永住。

这时，厚生省(现在厚生劳动省)的官员吩咐道：

"残留孤儿在定居归国时带来的孩子，应该有负责扶养父母。"

她们首先在埼玉县所泽市的中国归国者定居促进中心学习了四个月，学日语和生活习惯。然后在横滨市安家，又学了八个月日语。这段时间可以接受生活保护。可是大儿媳没等八个月期满就开始工作了，儿子也找到门框装配的工作。儿子和儿媳自立后，独立在外找房子住。

一般来说，孤儿定居后愿意和孩子们一起生活。一方面在中国时也是在一起住的，另外孩子学日语很快，能帮助父母解决语言上交流的困难，在一起生活比较方便。但是由于牵扯到收入和父母的生活保护费问题，子女和父母分开过还是合适的。从全额里扣除相当孩子收入的金额，因为孩子的收入是和父母的生活保护费有关系的，反正最后算起来不能拿全部的生活保护费，有多少收入都一样，不能超过生活保护费金额。因为这个原因，在近几年回国的孤儿家庭，孩子找到工作后就分居，剩下的孤儿夫妇吃生活保护。她也是一样。

2001年6月，她患了大肠癌，8月在医院开刀做了手术，幸亏治疗及时，免打人工肛门，现在每天坚持吃药，到医院去点滴。丈夫也在2002年3月住了20天院，动了脑肿瘤手术。

她最后说：

"我以前不想提过去的事，日本军队杀死我的母亲，妹妹，弟弟。我才成为孤儿的。几十年的痛苦没有地方申诉。埋在心里连丈夫，儿女都没有讲过。现在归国孤儿们站起来了，我们诉讼的要求只是要保障我们这些老夫妻的晚年生活，这不是过分的要求吧。！"

她的话里充满着哀怨和悲凉。

在穷苦的日子里

　　遗留在中国的孤儿中，有些养父母对孤儿很好。但是大部分养父母家都很贫穷又是农民，还有些没有生育过孩子的养父母，他们收留孤儿期待着长大能帮助家里干活。

　　住在横滨市公营住宅的山本斗南(60岁)战后被遗弃在中国东北，他也是在穷苦贫困的环境里活下来的。

　　当年战败时，他才二岁，什么都没记住。后来，他知道，他一家是在他出生才2个月后，就做为开拓团到中国的。不久，父亲去世了。他家进了吉林省敦化县(当时名称)的收容所，母亲把营养不足的他委托给中国养父母的。养母回忆曾说，那是1945年秋，她用几个土豆换的他。他的养父母没有自己的孩子。

　　养父是中医，不怎么回家。养母在家种地，家里很穷。养母收留他后，到处去找有奶水的人来哺育他。待他的身体稍微恢复，便用擦土豆拌红糖，一口一口喂他，等再恢复后，便给他吃玉米仔粥。

　　待他能走动了，就开始干活了。家里有一头牛，一匹马。养母让他去放牲畜。他光着脚到草地上放牛马，脚都扎破了，也没有鞋穿。

　　即使是冬天，也没棉鞋，把枯干草放进单鞋里，凑合着。大雪有五,六十公寸深也得去放牧，脚指都冻伤了，只好踩进牛马粪里去取暖。

　　养父母家是在两个山沟中间，是一间草顶的泥房，每天的主食是土豆。在他 7 岁时，当地政府让他们搬到高岗的村庄去住。那时，他开始上学了。可是同学们向他扔石头，骂他"小日本！小日本！"他不懂同学说的是什么，回家问养母，可是养母不回答。每天每天他都得受欺负，他才慢慢觉得："我是不是真是日本人？"

记得在他十岁的时候，数九隆冬大雪天，村长坐着卡车带着另一位身穿大衣的男人来到学校，他对几个孩子指指点点的，然后把这几个孩子都装载到卡车上，其中也包括他，他初次上汽车，感到很高兴。

可他的养母知道了，哭着跑来对村长大声吵嚷着："把我孩子留下，我辛辛苦苦才把他养大……"

村长对穿大衣的男人说着什么，后才把他卸下来。养母一把将他抱住，依依不舍的样子。等回到家后，他问养母这是怎么回事，养母没有告诉他。后来，才知道是在收集留在中国的日本人，将他们送回国。

在他十一岁时候，养父去世，家里没有收入。他便和养母一起到当年的人民公社干活。没办法，只念了小学四年级，便下地干活。在人民公社没有一个孩子，全是大人。他干活效率不好，常被人说：

"快点干吧！"

他很羡慕别的孩子能上学。

在他 16 岁时候，在林业局上班的继父给他介绍了测木材的活。在工作中，有入党考试，参加考试的同事们都能合格，可他不合格。自己觉得"还是因为我是日

山本斗南和她妻子

本人吧。"渐渐的开始在心中想念起日本来,也不知日本在哪里,曾问过养母:

"我都快娶媳妇了,已长大成人了,告诉我真实的身份吧?"
可养母只是简单的说:

"你的日本母亲去世了。"
其它什么也不愿讲。

1960 年,他和继父熟人的女儿结婚了。就是现在相依为命的妻子……刘淑霞(59岁)。

当时妻子是这么想的"我不想和他结婚,不知日本在那里。上学时,老师讲过,日本是发动战争,尽做坏事的帝国主义。可是父亲说,这小伙子从二岁时在中国长大的,他本来是不坏的。所以我就答应了。而且是家长定的亲。父亲还说,对象的养母会对我好的。我家也穷,父亲有病,我又是老大,应该听父亲的。"

他们结婚后,他的继父病倒了,无法工作,收入更少了。于是,他要求做劳动强度很高的扛木材,装卡车的活,想提高一点收入。但是,在 1961 年,继父也去世了。

在这个单位里,他也受到不公证的欺负,别人能提薪涨工资,而他却不能,就因他是日本人,只好忍耐。

在 1963 年他们夫妻先后有四男一女,共五个孩子。

1966 年文化大革命中,他的孩子在学校里被骂"小日本",被打过耳光,也挨过踢打,受到歧视。他的妻子一直拥护共产党,积极要求入党,可就是不被批准。他妻子问询理由,领导说:

"就因为你丈夫是日本人。"

有一次,他看见一名戴着三角帽子的残留孤儿在群众面前挨打。

还有的孤儿在会上被批判，在大字报上被点名。其实这些孤儿没做过什么错事，只是因有日本血统就受到那种对待。他吓得直哆嗦，很害怕。正巧林业局的一个部门群众要去北京请愿上访，他便赶紧跟着他们出外了，躲避着单位里的运动。在那个年月，他只有忍耐着，盼望风暴过去。

1972年，中日邦交恢复了。

在一个村子里，有一位比他岁数大的日本姐妹回到日本探亲，就是被称为残留妇人的，她们在战争时，都是13岁以上的日本女子，为了生存不得已嫁给了贫穷的中国农民。但她们都会日语，都记得自己的姓名和出生地。中日邦交刚恢复，便马上给日本政府或者亲属写信，并陆续回国探亲。

有二位大姐们(残留妇人)与他家原同住在日本和歌山县。回日本时，还认识他的母亲和姐姐。母亲和姐姐便向她们打听：

"你知道不知道我委托给中国人的最小的男孩子？"大姐们告诉她娘俩：

"他活着，在林业局工作呢。"

母亲将自己的相片，委托大姐们回中国时交给他。

那天，他从单位下班回家。正赶上从日本回来的大姐们正在与养母说话，他也问道：

"日本怎么样？"

可是比他大15岁的大姐们并没正面回答他的提问，所以当时不便多问。

又过了一个月，大姐们又来了，他下班回到家中，听见大姐对养母说：

"给他看看吧。"

他耳朵挺尖，听见了，但不知说的是什么。大姐还说：

"他的日本妈妈还等着呢，给他看看吧"，
可养母始终不答应。大姐继续劝她：

"你看，我们回去又这样回来了，别想的太多了，放心吧，去三个月会回来的。"

当天晚上，养母好不容易把藏在地板下的封信拿出来了。那是他日本母亲委托大姐们捎来的照片和信。是大姐们从日本返回中国时带来的，都已经一个月了，养母一直没叫他看。

黑白照片上有位老太太和一位年轻的女人。看过后，也没有什么印象和感觉：

"这是我妈？"
他看不懂母亲的日语来信。第二天放在兜里到单位找会说日语的人。请求翻译，可那个人不愿意看。因为他以前给日本人干过事，文革中被批斗，脖子上吊着牌子，总被管制。所以他不愿意再受到牵连。可他诚恳的哀求这个人：

"请在没有人的地方偷偷的看，给我念念就行。"这个人勉强的接受了。据解释的内容是：母亲和姐姐在寻找你，想见到你，希望你回来探亲，如果没有钱的话，母亲和姐姐给办理回国手续。

他随即写了回信，并附上照片后，请这个人给翻译，一起寄回了日本。

1976年，他实现了回国探亲的愿望。踏上大阪机场后，三个哥哥和 一位女人来迎接他。他在中国只学会三个单词：妈妈，哥哥，姐姐。看到那位女人，他口吃的用日语发音，称呼她是"姐姐"，可那女人解释说：

"我不是你的姐姐,你的母亲和姐姐在家准备饭等你呢。"
原来,她是翻译。

他来日本之前,恼里想过很多问题。日本是否也和中国一样,政治斗争很严厉。如果充满麻烦的话,看一眼母亲就回中国也行。当乘坐哥哥的车往和歌山母亲家中的路上,他悄悄问翻译:

"哥哥属于什么党派?"
翻译笑着说:

"他们是农民,没属于什么党派,您不用考虑太多的事情。"
他觉得三个哥哥的态度很冷淡,他们的身材很高,只有他一个人长得矮。当大哥见到他说:"是不是认错了?"时,他便感到无地自容。

当到了母亲家中时,鼓足了勇气用中文问:"妈妈在哪里?"
大哥立刻问"他说什么?"。后来,大哥通过翻译回答"在楼上做饭呢"便往上面喊一声:"妈,到了!"

一个年岁大的女人下楼来迎接他。在中国时,看那照片时,没什么印象和感情,可当母子俩一见面时,不由得搂着哭泣起来了。眼泪不停的流。心中十分痛苦:

"怎么把我一个人扔在了中国,只有我那么苦!"
有一种难言的理怨。

大家到二楼吃饭,三位嫂子也来了,孩子满堂。他坐在母亲身边,翻译坐在他旁边。大家许久都没有说话。这时他说:

"大家怎么不说话呢?如果认错了,我明天就回中国。"
母亲赶紧说:

"你不要回中国。"
他又接着讲:

"在中国，有一句话这样说:如果母亲个子矮，她的孩子中会有一个象母亲一样身材的。"

见没人回答，她又向大家：

"你们看，我象母亲吗？"

大哥才说：

"让我看看……"

可接下去还是沉默。这时母亲开口问到：

"你中国的养母长的什么样？养父做什么的？"

他将养母年轻时的照片交给母亲辩识，母亲认出了身材很高长的很漂亮的养母，又确定了养父当时是中医，母亲连连说：

"没错，没错！"

这时，气氛才温和起来，大哥也举起了酒杯祝酒说：

"这回承认了。"

母子俩在一个房间有被褥的屋里睡了三夜，虽然语言不通，但心里很高兴。当他通过翻译给母亲讲述小时候放牛马的痛苦遭遇时，母亲哭着说：

"能带你回来的话，当然带你回来，可你病了，我的奶水也没有，实在没办法。"

他明白了，母亲为什么把他仍在中国，怨气开始消失了。

他在大哥家住了十五天，在母亲和姐姐家里住了三个月，在逗留期间，他的思想不断起着变化。

他第一次接到了母爱的温暖。母亲不让他干活，每顿饭都是亲自给他端来，还亲切地问他"好吃吗？如果不合口味，下次在做别的。"母亲总是向他微笑着，而养母从来没有这么周到过，也没有为他尽心做过饭菜。

他有时想"不回中国吧，留在母亲身边。"可是又考虑中国还有养母和妻子。天气已经冷了，担心着在严寒的中国东北生活着的亲人。没有自来水，用的是井水，一到冬天，冰天雪地的去掏井水也很困难……

他惦记着妻子，也怀念着养母，不管怎么样，养母把他从 2 岁开始养大的。即使找到了母亲，也不能抛弃养母，不能对她不好。

三个哥哥也劝他：

"不要回中国吧。"

他说还有妻子。哥哥说：

"和她离婚吧。"

"不能那样对待她。"

如果他是独身的话，也可能打算养母带回来，可是他有妻子和孩子，所以，他只能回答：

"等养母去世后再回来。"

探亲回国后，养母很高兴地迎接了他。赶紧做好吃的饭菜，特别欣喜的说：

"你真的回来啦！"

以后，养母经常带着哀求的口吻说：

"不要抛弃我。"

1980 年，1982 年，1984 年，三次回国探亲，费用全有姐姐和三哥负担。

1982 年秋，母亲和姐姐，三哥到中国来了，她们与养母见了面。两位母亲手拉着手一直在哭，语言不通并没有影响感情的沟通，一直向养母表示感谢，养母也很客气。

1988年，养母因脑血栓去世了。他立即给大哥去电话，表示："我要回国。"随后，大哥寄来有十页的长信，另外还有一张誓约书，要求他"来日本之前一定把日语学好。"
他感到来日本前学会日语有困难，便又给三哥写信，三哥表示："不要给大哥回信了，回国手续由我们负责。"

最后，于1989年9月，他带妻子和第四个儿子用公费回国定居了。其它的孩子们已结婚，不能公费回国。

他一家人在大阪的中国归国者定居促进中心学习了4个月日语后，选择在和歌山县定居了。哥哥给他介绍了制药厂工作。一个月收入15万日元，妻子收入7万日元。本来一家三口人，在他亲母亲的身边过日子是很好的，和歌山的空气新鲜，水也好。不过他还想把留在中国的四个孩子和孙子孙女办来，必须把旅费挣出来。另外附近又没有能沟通语言的朋友。

后来有一位孤儿劝他说，为了便于工作，还是搬倒横滨为妥。他决定去横滨。可母亲和哥哥舍不得他走。三哥说：

"好不容易回来了。又离开母亲吗？"
可是他不好意思多给亲属增添麻烦。还是在1990年秋季搬到了横滨。搬家的时，哥哥们都来帮忙，体现出亲人的感情，直到现在，他与哥哥，姐姐们的关系都处理的很好，经常有联系。

到了横滨后，残留孤儿朋友介绍他到机械加工厂工作，每月工薪22万日元。他舍不得休息，拼命的工作。

1993年，他的其它四个孩子的家属共计12口人也都来到了日本。费用一点也没依靠政府，完全都是自己的钱。费用不够时，孩子们把房子卖掉了，仍然付不起飞机票，只好12个人坐船来日本的。

全家族一共15口人先在他三居室的房子里紧紧凑凑住4个月。等孩子们找到工作后，便又一个接一个的独立了。

遗憾的是，1997年，工厂发生了煤气爆炸事故，他的一只眼睛失明了。由于受伤后的后遗症，现在经常头晕，直着走路都困难，而且在室外不能摘太阳镜，隔三个小时就得吃药。

2003年5月，他退休了，但退休后没了收入。妻子本来心脏和胆囊病，十二指肠也不好，所以在家休养，不能工作，八年无法工作。他的工龄14年，厚生年金一个月只有3万2千日元。两口子生活不下去。暂时申请失业保险，再接下去就得申请生活保护了。到了现在，他家里空调也没有安装。

他表示：

"我本来不想要生活保护费，限制太多。我要去和歌山探亲一个星期，就要被扣除一个星期的生活费。如和妻子要到中国探亲一个月，那一个月的生活费就要全部被扣掉。而且福祉担当员经常到家来询问新买的衣服，家具哪来的等等，为什么买这么好的。好象我们是犯人似的。我如果能拿到合理的年金，保证生活，我们不会提起诉讼的。政府为什么不考虑我们年轻时在中国工作的工龄，而只按回国后的工龄计算年金呢？"

"政府应该考虑我们为什么到中国的，当时不是我们个人随便想去的。政府不把我们遗弃的话，就不会造成今天的现状。我们并不要求太多的钱，要求的是和普通日本人一样老后的生活保证。接受生活保护要象犯人似的被管制太没有意思了。希望日本的国民都能了解我们孤儿是怎样成为孤儿的，我们为什么遗留在中国的。"

"我脑子不好使"

"我脑子不好使，记得不清楚，说不出什么，什么都不懂。"这是我第一次通过翻译给在东京都足立区居住的伊藤藤次郎(67岁)打电话提出采访时，他含糊不清的这样回答的。"知道什么就说什么，能说出什么事情都行。"我在努力说服他，并最终与他约好了采访日期。

几天后，通过翻译，我们谈了四个来小时。这时我才明白，他不是"脑子不好使"，是由于没有文化，不识字。

在残留孤儿中，因为养父母家又苦又穷而没有机会上学的人很多。不识字对什么事也就不了解他们头脑中缺少了记录工具"文字"。因为日本很少有不识字的人，所以我从来没考虑过他们有什么不方便。实际上，到车站看不懂站牌，有人来信了也不知道写的什么；政府的文件也不知什么意思，也没看过报纸和书。由于看不了报纸和书，所以复杂的事情也很难记忆，对他们来说回国后学日语是相当困难。

采访的开始时，我问他姓名，他不会写自己姓名，只是反复的说自己叫：

"王川路"

但说不出这三个汉字怎么写。住在他家附近的一位孤儿告诉我"就是王川路"。接下来又问他出生年月日，他说只记得是"11月26日"至于是哪一年，不知道。只记得自己今年 67 岁了。他妻子叫韩平云(57 岁)，同样一天也没念过书，也无力帮助丈夫。

他并不是"脑子不好使"，就是他的半生太坎坷了。我耐心地，仔细而详细地问他，使他一点一点的回忆起来自己的身世⋯⋯

他出生在山形县，在他 4 岁时，父母参加了开拓团到中国。他记得日本的家是一幢很大的二层搂，房子前后有院子，长很很多树。

在中国，他与父母，姐姐，哥哥五口人住在三江省依兰县(当时的名称)。1945 年 8 月 9 日，苏联参战时，接到命令让大家避难。当时父亲已经当兵去了。

逃难时，哥哥赶着马车。但路上遭遇苏联军队和当地土匪接二连三地袭击，便于行走不得不扔下些行李。趟水过河时，水将淹到脖子，十分危险，什么也顾不了，行李，马匹都不要了。

他们沿途钻进庄稼地，偷田地的里的苞米吃，连玉米棒子都吃下去。

走到方正县时，再也走不动了，进了象收容所一样的楼里。这里有一大群开拓团员，但是没有食品，大家只好捡地上的食品渣子放嘴里吃，甚至将玉米穗子用日军钢盔煮着吃。有的人衣服被贫穷的中国人抢走了，只好光着身子，捡来破席子披在身上。很多人因营养不良而死。他母亲就是因为熬不过冬天，被夺去

伊藤藤次郎(67 岁)和妻子韩平云

了生命。

　　他捡了一双又肥又大的鞋，穿着它到处去找食物吃，一直呆到下一年的三月；青黄不接的时候，中国人便去收容所把一个一个孩子收养领走。姐姐和哥哥看着全身长癣的他说：

　　"把你也托给中国人吧。"当时没有选择的余地，没人要的孩子只能饿死。

　　他被领到一户人家，有人给他擦药。

　　由于苏联参战，开拓团苍惶避难，他们从中苏边境的偏僻地区跑到城市，进住收容所。可是收容所里也象地狱一样悲惨。比如，原方正县伊汉通开拓团遗迹的收容所，共有8000个难民；经过一个冬季后，就剩下700人。死亡者中，往哈尔滨逃难途中冻死的有3000人；留在收容所的3000人最终也都饿死，冻死，病死。而有幸活下来的人不是嫁给中国人，就是被中国人收留。

　　他也是在这种悲惨的境地，成为孤儿的。

　　他被中国养父母收养后，给他吃穿，也给他治病。但他还得去干活。放猪放牛，喂猪喂鸡，在田地里种玉米，高粱，小米。刚十岁的孩子体力不够，做不好的时候；养父就打他，踢他。因此他在十五岁时，他的右眼就没有视力了，可是养父还是经常打他。

　　"没用的东西！"

　　"什么都不会！"

有一次他家的马跑进别人的家地里，养父用木板打他的脑袋。

　　天冷的时候，他不得已将干草放塞进鞋里防寒。附近的孩子们看到他便骂他：

"小日本！小日本！"
他进不了学校，没念过书，只有干活。附近还有几个男女日本孤儿，但是没有来往。他总在想：

"我怎么这么苦啊，好不容易活下来，受了那么多欺负；真想父母啊，将来有一天我一定要回日本！"

在他 17 岁的时候，他从养父家逃了出来。他考虑在养父家没有前途，将来媳妇也娶不了，养育的恩差不多报答了。他在熟人的农家住下，以做长工为生，租种玉米和高粱等庄稼。能得到将将糊口的收成，

"就这些，够不够也得活下去。"
他到回日本为止一直是这么过来的。

他在 26 岁的时候才结婚。当时穷得什么都没有，二个人在两间破得摇摇欲塌的稻草合泥墙的房子住。屋里空得什么家具全没有。没有自来水，烧火用玉米秆和高粱秆，到冬天时，取暖用的木柴也不够。

除租种的主食以外，自己种白菜，萝卜，土豆；到了夏天还种茄子，扁豆，青菜。很少吃肉，也从来没吃过鱼。80 年代后开发稻田，才吃上大米。穿戴也不行，只有两条裤子，一直换着穿了好多年。

1970 年以后，村里电通了，但他家里没有收音机。夏天时还可以下河去洗澡，到了冬天就洗不了澡了，能洗脚就不错了。

孩子一共生了 6 个。可因为太穷养不了，老二长几个月就给人家了。大女儿和大儿子上了三，四年年级，而三儿子和三女儿没有上过学。

自从逃出养父家后，再没有受过欺负。但是贫穷却没有变化。文革中，没有知识，文化的他什么影响都没有。周围的人都知道他的身

份也没有对他批斗过。

比他大的表姐也遗留在中国,是残留妇人。他在12岁的时候,表姐曾告诉他日本名字和生年月日,可是他不会写,没有记下来。

1972年中日邦交恢复后,表姐先回到日本,随后又帮他办了短期回国手续。1977年,他第一次踏上了祖国土地。

他回到北海道的父亲家三个月。父亲欢迎他。给他买鱼吃,他是有生以来第一次吃的鱼。他体会到父爱的温暖。但说不出感谢的话,父亲把一个会讲中文的邻居请来,听说父亲战后被扣留在西伯利亚。回到日本后再婚了。

父亲问他:

"你想回日本定居吗?"

他回答:

"想回来。"

父亲不提任何条件就给他办理护照。但是,看到父亲受继母管束的样的困境,他就不提什么要求了。离开的时候,父子俩相抱痛哭。

当笔者问他"继母"对他如何时,他说:

"因为家里还有二个妹妹和一个弟弟……。继母好象不太欢迎我似的。"

离开北海道时,表姐带他到埼玉县的姐姐家去,他哥哥也来了。可他们之间发生了矛盾。哥哥和姐姐说"他留在中国好。"表姐却支持他回日本。彼此吵架很利害。他很想回来,可他没有钱,只得依靠哥哥姐姐帮助,所以他只好低头沉默无语。

对哥哥姐姐来说,不识字的弟弟一家要是回国,会给他们造成麻烦负担。只有表姐了解他在中国的苦难。

回到中国后，由于没文化，父亲给他办的护照，他也看不懂。

因为不识字干什么事情都得请别人帮忙。表姐要给他做定居回国的身元保证人，但是他看不懂寄来的文件的意思，每次必须请别人帮忙，有些人热情的帮忙，有人不爱管这些事，这样手续效率很慢。眼看着附近的孤儿一个接一个的回去了。

最终，他于1998年8月实现了公费回国。除了已婚的大女儿和送给别人的二儿子以外，妻子和四个孩子一起回来了。因为已婚的女儿不能公费回国，所以不能一起回来。一家首先住进了东京都的归国者临时宿舍"常盘寮"。学习日语，不过他就是记不住，学不会，被别的孤儿们笑话。

半年后，搬到足立区的都营住宅，从回来后到现在，由于语言不会，一直找不到工作，接受着生活保护费。一年后，大女儿也回来了，孩子们现在都独立了。

他家中有很多家具都是捡来的。都是人家搬家时不要的衣柜等等。"被人笑活也没关系，反正自己买不起。"
但他还是感觉在日本比中国强多了。自立的孩子们在二年前给他们安了空调，还有二次让他们回中国探亲。回国探亲时，区役所扣除生活费，所以旅费和伙食费都由孩子们负担的。他说：

"我不识字，自己什么都不会，觉得很难受。办回国手续特别麻烦。现在不会乘公共汽车和电车。只能在家附近散散步。我不识字，不爱出去。"

虽然他参加诉讼，但都是别的孤儿带他去听取调查和报告会。而诉讼的资料他又看不懂。

他的父亲在他回国之前去世了，也不知道父亲的坟墓在哪里。听

说哥哥也去世了。姐姐可能还在,但是没有联系过。他唉声叹气的诉苦着:

"人都愿意过上好日子。我的命,为什么会这样呢?"

象他一样不识字的孤儿并不少。

恐怖的"文化大革命"

离开亲属遗留在中国的残留孤儿们虽然被中国人的养父母收养了,可是有一大部分人从小就没有逃脱被人指骂"小日本""日本鬼子"等等,和受欺负被污辱。开始不理解自己为什么被欺负,以后在学校接受历史教育时,才明白了其中的道理。想到在战争时日本军对中国犯下的那些罪行,考虑到这些做为日本人的自己受到的欺负也是事出有因不得已的。日本军侵略中国,抢占土地,掠夺东西;在各处进行惨无人道的大屠杀。在中国人当中有很多自己的亲属和朋友被日本军杀死的,日本就是他们仇恨和憎恨的对象。孤儿们就是在这样的环境中长大的,为了免遭别人的指骂,他们只能遇事都得忍耐。

有的孤儿因为是日本人考不了大学,有的不让做有关航空等国家保密工作,有的当不了医生;还有因为身份问题被降级,不给提薪。但是孤儿们只能默默地忍受,当然每个人的条件和环境也不一样,比如有些时候周围的人也是很帮忙的。但大部分的孤儿因为日本血统的关系在学习方面,工作方面被歧视。而且在几次的中国社会运动当中,孤儿的处境更加悲惨。

1966 年的文化大革命中,不少孤儿被称为所谓"日本特务"而受到批斗,挨打,劳动改造。

1986年回，住在横滨的孤儿，菅原延吉(62岁)。他在文革中在煤炭公司上班，有一次，他的名字被写上了大字报，受了批斗。醒目的大标语上写着：

"日本帝国主义孝子贤孙！"

他被戴上了三角帽，游街示众。同时，一起被批斗的还有地主，资本家。他被批判的主要理由就是因为他是"日本孤儿"。需要劳动改造世界观。从此，在煤炭公司工作的他，便要在零下30度的严寒下；干砸碎冻煤块的苦活。每天十分劳累，还得坚持做下去。他感慨的说：

"我在中国生活了四，五十年，尽受欺负，歧视。就是因为我们是日本人。我们代表了日本人，代替日本政府，代替那些战争罪犯向中国赔罪。"他又感叹的说到；

"可是我们到了晚年。日本国却拿我们当难民似的对待。"

1986年他定居回国后，接受生活保护，学习六个月日语后自立工作了。做过机器组装钳工。

1998年下岗后，因付不起每月六万日元的公团住宅房费，而搬进了县营住宅。下岗后，看报纸的招工广告，找过清扫工和其它招工；将近30多个工作去面试，可是全部被拒绝了。现在他依靠厚生年金和国民年金在加上他打工的一个月四万日元和妻子在高尔夫球打工的四万日元的收入过日子。看来过不久也得申请生活保护了。他说：

"我在中国工作了几十年。这也是为了生活，为了报答养父母的恩情，也是为了代

菅原延吉

替日本政府向中国表示赔罪。到老年后我不想要有管制的生活保护费，想要普通日本人一样的年金。你们说孤儿过去没有交税金，但是没能交税金是我们的责任吗？很遗憾，由于战争有许多妇女和孤儿牺牲了。但是我们这些能回到日本定居的孤儿又是多么幸运和坚强的。发动战争的罪魁祸首直到现在仍然享受军人恩给报酬。他们就是操作战争和遗弃我们的首谋。而我们要代替他们在中国受到谴责和批斗，受到中国老百姓的憎恶。"

住在东京都的佐藤京子（63岁）。她的亲身体验更让人吃惊感慨。她一直找不到自己的亲属，只听中国养母说起，她的日本父亲是军人，会说汉语，俄语和朝鲜语，并在靠近苏联国境的地方做翻译。她的母亲是医生。养母是中医，会说日语，和她日本母亲是朋友。

在她的记忆中，她还有一个哥哥。在黑河地区的家中还有佣人，记得母亲让佣人去买东西，还记得有时背着她去过买东西。父亲的身材很高，胡子浓密，父亲抱着她时，脸贴着父亲胡子很刺人。她很喜欢父亲，可是父亲总不在家。

听养母回忆，在1945年日本即将战败的一个晚上，父亲慌忙地回到家对母亲说：

"苏联进攻了，日本战败了，该走了！"

当时流传着日本女人被强奸，孩子被扔进河里。母亲考虑后，把她和哥哥委托养母和养母的妹妹，然后，母亲将自己脸上末上黑泥，在半夜里逃走了。

她长大后，才听说母亲在收容所里，集体自杀了。

家住在哈尔滨的养母家很富裕。在哈尔滨有医院，黑河有分院。

养母在苏联留过学，会俄语。养母生有两个男孩子和一个女孩子。

当时苏联军人为防止中国人收养日本人，把当地的中国居民家庭人口详细调查。养母怕一下子多了孩子被发现，所以把她的哥哥送给给了满洲铁路工作的亲戚。从此，她再不知哥哥的下落。

佐藤京子

她藏在养母家的地下仓库，由19岁的养母的妹妹陪她生活，在地下室开油灯照明。一旦来搜查时就屏息呼吸不作声。没人时到外边去晒太阳。因为养母教她学中文，所以能和比她大一岁的中国的姐姐一起玩。

有一天她和养姐正在院中玩的时候，苏联军突然进家搜查，由于附近的理发店的人告发了说：

"那家原有三个孩子，原来是四个孩子。"

养母赶紧抱起了她，想往屋里跑。已躲避不及，苏联兵拿着枪带翻译过来问道：

"你们家几口人？听说二个男孩一个女孩。怎么有二个女孩？"

养母抱着她说：

"这是我女儿！"

"那就杀那个！"

他们抓住养母的女儿，撕开两腿摔死在地上了。养母看见女儿的肠子都流出来了，立刻被吓昏了，她也一辈子忘不掉惨死的那一幕。很长时间养母卧病在床。从此后，养母将二个儿子和她都安排地下室生活。

养父留学德国和饿国。当时在德国做物理原子能方面的工作。他在中国与养母结婚，却又在德国娶了第二个媳妇，生了二个儿子。

养母和她妹妹商量把她托付给在德国的养父抚养。会说俄语的养姑母带她出发。养母给养姑母钱和酒让送给苏联边境检查人员，到了苏联的列宁格勒(现在的圣彼得堡)。养母曾经在那里留过学有朋友，她和养姑母在养母的朋友家呆了一个月，取得了护照后，途径瑞士到达德国。正是1946年的春天。

她不会德语。由会说日语的养姑母陪了她一段时间。半年后，她上小学了。德语也会讲了。养母给养父来信，讲述了家中发生的惨事：

"我女儿被苏联兵杀死，留下这女孩。她是我日本朋友的孩子，就拿她当咱们的亲生女儿吧。"

养父听说女儿被杀，放声大哭。战前留学过日本的养父对她很好。她忘了自己的出身，问过养父：

"我头发怎么这么黑？这里的孩子头发都是红颜色哪？"

养父不说什么，只是微笑。

他在德国上基督教的学校。没有人欺负她，反正亚洲人很少，有钱家庭的孩子多。养父鼓励她：

"你长大当医生吧，让你进德国大学。"

留学德国研究战车的养父的兄长夫妇也住在养父家附近。他也娶了德国媳妇。有一天到养伯父家的时候，伯父带她到镜子前说：

"看看，你不是德国人，你父母是日本人。为什么不去找亲生父母，回中国找父母去吧。"

学校老师也讲过：

"日本是个美丽的国家。"

当时还不知道母亲集体自杀，所以她渐渐的开始想念母亲，很想见一面，于是她给养母写信："想回中国。"养母回信说：

"现在不能回来，中日没有邦交。中国国内还有社会运动。但是日本的文化是从中国传去的，两国之间的关系很深远，将来中日邦交一定会恢复的。你踏踏实实的等着吧。"她同时她也对养父提起过此事。但养父不同意她回中国。

"绝对不行。中日没有邦交。等你大学毕业后再带你回去"

朝鲜战争爆发后，中国政府让他们哥弟回国。伯父决定回国，可养父不敢。哥俩经常吵架。伯父劝她道：

"因为你爸爸就你一个女儿，所以不让你回去，说回国危险，其实没事。"

她决定不告诉养父而就跟着伯父离开德国。在回中国途中，从瑞士给养父打电话，养父很生气。1958年，她回中国了。养母迎接她说：

"你母亲现在不知在那里。给你起个中国名子上大学读书，不要公开你的身份。你说我是伯父的孩子就行了。"

养母给她起名"郭淑真"，住在北京，因为不会中文，养母请了二位家庭教师让她拼命学中文。后来她考上了上海军医大学。但不太习惯中国，总是掉眼泪。她听说亲生父亲被拉倒苏联，她又努力学习俄语。23岁的时，大学毕业，在北京解放军医院当外科医生。第二年，她和一位先辈军医结婚，生了二个女儿。生孩子后养母让她学中医。

1966年文革开始。

她马上被传换，被查问在德国居住期间做了些什么，由于知道了她是日本人。她丈夫被指责娶一个日本妻子。

不久她被拘留，接着又被投入监入狱。罪名是"日本特务"

竟管她一再解释:

"当年我才五岁,什么事都不懂。更提不上是什么特务。"

但他们根本不听,再三逼迫问,严刑拷问,把针烧热后扎在手背上,绑住手指悬挂梁上,脚带铁轮。她左脚化脓,为了保住布被切断,养母把家中所有值钱的东西全买掉,卖了青霉素,想办法买通医生,偷偷遣入监狱给她治疗。

监狱里有这样的传言:一到了下半夜二,三点钟,就会处死犯人。她夜夜害怕是不是今晚该轮到自己了。由于恐惧,她总是想逃跑。一天在吃晚饭时,看守将铁链给拆下来了,这时她顺着后墙拼命地跑,可是军犬追上来了,咬住了她的脚,她再也跑不了。直到现在脚上依然留着狗咬的痕迹。

她被抓了回来,被判处十二年徒刑。听说丈夫也被判处和日本人结婚的特务罪在监狱里被打死了。

在1972年中日邦交回复。文革也结束。

她的特务嫌疑也被平反了。在1978年出狱后,她和二个女儿,保姆一起生活。

周围人对她态度完全变了,她从特务变为好人,在安心的同时又想到了"赶快回日本!"的念头。
可是领导说军人不能回日本。她工作努力还经常被派往国外。

她想让二女儿学日语。二女儿反问:
"我是中国人,怎么学日语呢?"

她无法解释。

那时中日邦交已经恢复,她家正在日本大使馆的附近。在晚上出去散步时,路过大使馆,让二女儿向大使馆的官员提出要求。

"我是日本人。想回日本。"

她考虑首先让二个女儿到日本留学，然后自己向单位提出辞职就行。又和德国的养父联系请求经济援助，在 1984 年和 85 年，先送女儿到日本留学。

她参加了 1985 年参加了访日调查团，但是没有找到亲属。后国后，她提出头疼，脚疼为理由要求辞职。她在中国工作很好，可是她回国的愿望很强。1986 年冬天医院最终同意她辞职。1987 年 2 月，她用公费一个人回国定居了。

养母很支持她回国。因为在文革中，养母因为扶养日本孩子和自己是资本家的原因被投入过监狱。养母替她担心：

"你快回国吧。再发生政治运动怎么办？"

她回国定居后，住在埼玉县的中国归国者定居促进中心里学习日语四个月，并定居在都内。二女儿当时在日本半工半读，本来想和女儿一起居住，可是和女儿同居的话，不能接受生活保护费。女儿的一个月的收入只有十万日元左右，她不能依靠女儿的收入，不得不打断念头。

在日本，别人说她是"中国人"，在中国别人说她是"小日本"她烦恼。

"我到底是什么人？"

两个女儿都觉得在日本没有前途。在 1991 年左右，二个女儿都到美国去了。大女儿工读后成为医生，二女儿是美术专业，她们与美国人结婚住在纽约。

她现在接受生活保护，一个人过日子。1993 年，养母去世了。她想回中国料理养母葬事，但是要扣除生活费。因为她租的是私人住宅，

所以如被扣除生活费的话,就付不起房费了。无奈她打消了回中国的念头。她凄凉的说:

"养母舍弃了自己的女儿,而救了我的命。我应该回去参加她的葬礼,可我去不了。只能将省吃俭用的钱委托他人带回了中国。"

她认为生活保护制度侵犯人权。

日本朋友来家,她出于礼节用包饺子招待客人,让福祉事务所的人员看见了,质问她:

"吃得这么好,钱是从那里来的?"

后来,他们来到她家时,也用包饺子做以招待,反而却以无礼的态度说:

"你吃的这些,都是日本国民的血汗钱。"

由于夏天炎热,她在家中曾中暑两次晕倒,同情她的义务支援者为她买了空调。可担当员却质问她:

"你怎么买得起空调呢?"

她戴着从中国拿来的首饰也被指问,德国养父在圣诞节送来的衣物,也不敢穿,如穿新衣服,新鞋马上会被查问:

"哪里来的新衣服?"

"朋友送的。"

再问"朋友是谁?"……

她觉得日本政府:"不拿我当个人看待。"

她说出了参加打官司的理由。

"这是人权问题。不是为了钱,我要求日本政府恢复人权。向日本政府提问我们是日本人吗?美国打仗日本反而出大笔钱去援助。为什么自己国家的孩子们回国不能受到保护?没受到保护,(接受生活保护的时候)还欺负我们孤儿。现在一半以上孤儿参加了诉讼。这已经成为社会舆论,在国际上丢了面子。中国人把杀死自己同胞的日本人的孩子养大了。也有送到大学去的孤儿,反过来,日本政府又应该怎样对待孤儿呢?民间的日本人很亲切善良,可是我还是要追究日本政府的责任。"

她的女儿想让她去美国,可她为了恢复人权斗争,还要继续留在日本。

被自己的政府"杀死"的人们

　　根据旧厚生省出版的"援护50年史"记载：在1945年8月份日本战败前后的中国东北地区（旧满洲）日本人的死亡人数有24万5千人。其中大部分是当时定居在苏联国境附近的开拓团员。同年8月9日苏联参战后，他们为了躲避当地匪贼的袭击和苏联军的进攻，四处奔跑逃难，在逃难当中有的被杀死，有的由于营养不足和疾病而死。在这样的情况下生存下来的就是残留孤儿。

　　日本的"最高战争指导会议"决定了让遗留中国民间的日本人定居在当地的政策。关东军总司令官计划为了帝国主义复兴重建，让更多的日本人留在中国大陆。在1945年8月19日，司令官向关东军下达命令：留在中国的日本兵和民间日本人的国籍随便可以更改。

　　同年8月26日，日本政府给在外公馆通知："针对遗留日本人贯彻指导不要着急返回日本，暂时应保持冷静的态度来行动。"可是旧满洲大使对本国反复要求：遗留的日本人快要成为流民，估计不断发生死亡者，所以应把妇女，孩子和病人尽快先送回日本。可是日本政府无视大使的再三要求。在同年8月底，政策改为："重视过去的统治成果，准备将来，遗留日本人尽量留在当地；和当地人民的共存共荣为最大的目标，为了这一目标努力，要忍耐和吃苦。"

　　后来长春的日本人企业家建立的"东北日本人救济总会"给日本

政府写一封密函，认为："政府的这个方针不可能实行"可是日本政府拒绝收领这封信。

战后，海外的日本人接连不断返回日本。但相比较从旧满洲返回日本的人，比别的地方回来得拖迟。从 1946 年 5 月份才开始，到 1948 年 8 月止，从满洲返回日本的有 100 万人以上。

可是到 1949 年 10 月中华人民共和国成立后，日本政府不承认新中国；中日邦交断绝，所以，日本人返回活动也由此中断。

1953 年，中国红十字会，日本红十字社，日中友好协会，日中平和联络会签署《北京协定》；重新开始在组织民间级的日本人返回活动。但是，在 1958 年 5 月分日本长崎的百货店举办的邮票展览会上发生了把中国国旗拉下来的"中国国旗事件"对这事件日本政府对犯人不严厉制裁敷衍了事地释放了；所以中国政府对日本政府提出抗议，结果民间级的返回活动也停止了。返回活动的 5 年之中，共回来了三万三千人。

第二年，1959 年 3 月，日本政府发布"有关未归国者特别措施"，内容是厚生大臣代替家属可以宣布未回国者的失踪报名。"有证明在 1945 年 8 月 9 日以后生存在关东州，满洲或其他中国境内等地区，一直到现在还没返回日本的人"和"1945 年 8 月 9 日以后，不可能生存但看情况，推测在 8 月 9 日以后死亡的人，对这二种人适用"未归国者特别措施法；也就是说，遗留在中国的日本人和孤儿都成为战时死亡宣告的对象。

如未归国者受到战时死亡宣告的话，国家给遗族支付三万日元的安慰金。1959 年后，受到战时死亡宣告的人数超过了 13500 人，他们的户籍被消除了。由于国家的这一决定孤儿被判处了"死亡"。

发布"未归国者特别措施"的前一年，1958 年底，日本政府举行未归国者的普查。根据不太具体的普查通信统算，仅中国的未归国者已达 21000 人。虽然有这么多人没回来，但政府完全不调查追究，反而发下了战时死亡宣告通知，并下此"已不存在的人"的轻率结论。

铃木次雄和妻子。

然而，正是这些被自己的祖国宣布"已不存在"，"战时死亡"的孤儿们；却在偏僻贫困的中国农村，承受着日本人的命运，梦想着回祖国，坚持活下去的坚定信念。

住在东京都的铃木次雄先生(63 岁)就是这样的。他是怀着梦想，咬牙坚持下来的：

"我将来一定要回国！"

"向往祖国，我一定要得到自由！"

"回到祖国，去发挥我的能力！"

他总怀着梦想，是咬着牙活过来的。

他出生在长野县。在二，三岁的时候到中国东北部(旧满洲)的东安省宝清县(当时的名称)随家属到开拓团去的。他快到五岁时，日本战败了。

父亲当时被征兵离开了家。有一天半夜，母亲站起来做了好多团饭，然后收拾衣物行李，母亲带着我和比我大二岁的姐姐；以及，邻居的阿姨和阿姨的四个孩子们，再加上其他人一共 17 人坐卡车出发了。

记得那天下着大雨，车轮胎陷进泥里动不了，他们只好下车走行。苏联军队追了上来，向他们发起袭击，他们便跑到山里躲藏。被雨淋湿的行李重得都勒进了肩膀的肉里，实在拿不动了，只好一个个被扔掉。后来食品也没有了。

大家便钻进庄稼地，吃茄子，玉米。他在母亲一直背着他在雨中艰苦的行走。马路边，尸体成山，发出阵阵臭味。后来，大家虽然到达了火车站，可等了多久也不见火车的影子。

路上，几次碰见过苏联兵，听说有一个避难的日本人在一个小屋子里被当地的中国人打死的了。母亲听到这消息后，十分害怕。最终在一个小村庄嫁给了一个中国单身汉，而一块避难的邻居阿姨也嫁给了另一个中国人。

可是由于母亲体弱多病，没有钱看病，在第二年就去世了。继父养活不了二个孩子，便又把他和姐姐分别给了别人收养。

他的养父姓杨。养父虽然很穷，可是养父没有孩子，却把他当成亲生儿子一样看待。虽然吃的仅仅是玉米粥，窝窝头，但也觉得好吃。养父母还让他上小学。小学毕业后，他还想继续念书。可是村里没有中学，要到城里住宿，需要房费。养父因为没有钱反对，可是养母支持他，说服了养父。他是村里三个中学生中的一人。

在附近居住着从开拓团一起避难的邻居阿姨。她总叫他"次琦欧"。慢慢地把日语忘掉了。他以"杨广胜"中国人的身份来生活，可是在小学和中学的同学都叫他"次琦欧"。

他念完中学后，养父希望他回到农村来。人民公社刚起来的时候农村需要劳动力。他在农村干了二年，后来总感到在农村没有前途。可是不能随便搬迁。看姐姐结婚后，夫妇俩在国营牧场住，他也向当地政府提出调到牧场工作。

结果好容易被调到一万职工的牧场。从事繁殖从苏联进口的马。

他开始担当饲养马的工作，后来受到信赖，又让他担任人工授精工作。可是只干了二年又被取消了。原因是"不能重用日本人"他又回到了养马的工作。他难过气愤地掉下眼泪。认为自己是日本人到那里都不会有好工作，对将来的人生失去了希望。

"为什么没有选择工作的自由呢？我的人生完了！"

从此，他的心中只有一个希望，那就是：

"回祖国去，我能有自由！"

1961年，他和牧场机器修理厂工作的一位比他小二岁的姑娘结婚了。生下了二男一女三个孩子。

1966年文革开始的时候，他从领导岗位上被轰了下去。理由就是"因为他是日本人"他只能默认而无言反驳。

他因为是日本人而不能入党。竟管他没有挨过批斗，也没有受过劳改，但是，在平时在言行上很谨慎；和别人聊天也得选择内容，从不说任何人坏话。当时，常常担心出什么事，不知什么时候会被逮捕。

他妻子说：

"由于丈夫是日本人，总是害怕。"有一次开会时被人指责。

"你丈夫是日本人，不能信赖。"他妻子平素是很老实，很贤慧的。

1972年，他听到中日邦交恢复的消息后，很高兴。

"我能回日本了！"

他从在同一个开拓团的残留妇人了解到了自己的姓名，出生地等情况。那位残留妇人在中日邦交恢复之前，已经和日本亲属通信了。等邦交恢复后那位残留妇人向当地公安局申请回国。她的中国丈夫已经去世，日本丈夫还健在，但已经和别人再婚。在 1974 年她带着一个孩子回国定居时，那位残留妇人对他说：

"你不要焦急，你父亲还在的话，我一定找他去。你等着吧！"

残留妇人回国后找到了他的老家和他父亲。他父亲战后在西伯利亚被扣留了二年，回日本后再婚了。父亲得知孩子还在中国，还活着，非常高兴。

不久，父亲给他来信了，告诉他再婚后又有二个孩子等等，随信还寄来他的照片。他觉得象做梦一样。

1977 年，父亲给办理短期回国探亲手续。他带着二个儿子回到日本。回国后才知道在户籍上，自己已经被认定为死亡。在他的户籍上这样写道：

"认定为在昭和 41 年(1966 年)3 月 17 日死亡。根据有关未归还者的特别措施法，昭和 47 年(1972 年)2 月 12 日宣告战时死亡。于 2 月 17 日，县知事呈报消除户籍"在他的姓名上面画了个叉子。留在中国的姐姐也一样被宣告"死亡"。

父亲从中国回来的开拓团同事那里听到了他儿子，女儿还活在中国，马上办理了户籍恢复手续。1976 年 6 月 11 日，法院决定取消"死亡宣告"的判决，在 6 月 15 日恢复了户籍。

在中国去世的母亲的户籍是于昭和 22 年(1947 年)12 月 8 日，在勃利死亡，在昭和 36 年(1961 年)6 月 17 日已消除了户籍。

"日本政府不负责，根本没做调查，就用法律手段把我杀死了。这纯粹是没有依据的用法律杀人！我没有死，怎么能这样做？"

在短期回国到达父亲家中时，发现了他和姐姐的灵牌摆在上面，他立刻把它拿了下来。

就在他短期回国后的一个月,父亲因患癌症去世了。从此他想念祖国的心情更强烈了。终于在1979年全家返回了日本老家长野。但是竟管家中有冰箱,洗衣机,彩电,可是心理还是挺难受。由于语言不通,他妻子寂寞得天天哭。他虽然在工厂找到工作,可是,为了让妻子好好考虑考虑回了中国暂住,结果回中国后不久又感到了在日本生活方便,妻子这次决定在日本定居了。1983年全家用公费回到东京定居。比他早回国的孤儿朋友给他做"身元引受人"。

他一家先进住东京都营的归国者宿舍"常盤寮"学了六个月日语。毕业后搬到都营住宅继续学日语,然后上职业训练学校学了一年印刷技术。

1986年,到了印刷公司上班,每月工资19万,妻子做清扫的短时工,念高中的三个孩子也干临时工扶助家里。

虽然日语不好,但他拼命的干活。1989年,在工厂里操作卷筒印刷机时,左小手指被卷进去了,伤口很疼也没有好好治疗;过了二个星期小手指变黑,血管断了。这时医生马上决定把小手指切掉,结果,住了一个月院,出院后又继续工作了。

后来孩子们都独立了。

由于社长重视他的技术,虽然是退休年龄,仍然让他继续工作了一段时间。现在已退休,在邮局做清扫短时工。

回顾走过来的路,他感慨的说:

"我在中国时,被人说"日本人"好不容易回到祖国,又面临语言的障碍,没受过义务教育;日本的习惯,文化都不知道。在日本又被人说是"中国人"。真感到气愤,不知我到底是什么人?!我回国已经20年了，除了工作，我每天只是从家到公司，再从公司到家里，没去过别的地方。刚回国时，政府让我早日自立，我老实听话拼命工作，结果我被孤立于日本社会之中。现在政府让我申请生活保护，可我不愿意领那限制太多的生活保护，我并不要求太多的钱；希望以别的方式来支付的生活费。"

现在，他一个月的收入有五，六万，再加上厚生年金有六万，勉强度日。以前的房费是八万五千日元，早已交不起了；于2003年的夏天，搬到了一月只有一万四千日元的都营住房区里。他认为"生活虽然苦，但也比拿生活保护好！"所以，他坚持着做短时工。

他强调：

"我们诉讼的主要目的是追究我们怎么成为孤儿，责任在哪里，原因是什么?从小时成为孤儿，到如还在受苦。日本政府正在往海外派自卫队，又要搞战争吗？日本政府应该检讨自己的过去。日本人是勤劳头脑聪明的民族，日本国是经济发达先进的国家。所以更需要正确的承认过去的错误，处理好战争遗留下的问题。"

寻亲，是从民间开始的

　　政府执行"战时死亡宣告"对策消除了孤儿的户籍，他们在户籍上已经不存在了。可是，在中国的孤儿们想念祖国"日本"尤其是从小就知道自己身份的孤儿，或者对亲属的记忆很清楚的孤儿们；饱经了文化大革命的风暴后，到了1972年听到中日邦交回复的消息满心欢喜。孤儿根据小小的记忆给日本写信，或者，向比自己岁数大的残留妇人询问自己的线索等等。想尽一切办法来实现回祖国的愿望。

　　可是邦交付恢复后，日本政府没有着手办理孤儿们的归国计划。但是，民间人士自动发起了寻找战后留在中国的亲生孩子和姐妹兄弟的活动。在当时，他们自己掏钱去中国追询线索，这时很多孤儿已公开了自己的身份，并组织起来。以当时，住在长野县的寺庙主持人山本兹昭和尚（已故）为首成立了"日中友好携手之会"，收集孤儿提出的线索。在1974年8月的朝日新闻上，专题报导了这些材料，题目叫"天各一方的亲属记录"发表后，很多读者马来联系"那个人是我女儿""那个是我弟弟"就这样，民间级的寻亲活动开始了。

　　可是当时的厚生省援护局局长认为，一般国民的未归还者的调查以及回国后的援护工作都是地方政府的业务，并且还说"厚生省援护局本来是援护复员军人的"显得极其冷淡。

民间的寻亲活动越来越大，逼迫政府不得不重视了，从1975年，开始公开调查孤儿寄到厚生省和日本大使馆的材料。

从1981年开始提出"我是日本孤儿"的人，被接待回日本，把线索公开，采取了集体寻亲访日调查。在中日邦交恢复后近9年，才有了寻亲政策，但政府还是把一些没有具体线索和证据的孤儿当成"外国人"，认为不给这些孤儿支付去日本寻亲的旅费。

战败时七岁的清水宏夫(66岁)住在横滨。他从小知道自己是日本人。中日邦交恢复后，靠自己的记忆找到了亲属。

他出身在中国间岛省图们(当时的名称)。父母都是长野县人。记得小时候回过两次日本。五岁时，母亲在分娩时，因大出血而死亡，他随父亲把母亲的骨灰拿回到日本，从朝鲜半岛到日本新泻县回国的。经营点心铺的父亲在1944年当兵去了。他和姐姐，妹妹被送到延吉的亲戚家，可是战败后他和姐姐妹妹三人进了孤儿院。孤儿院收容了未满16岁的50个孩子。一天只有二顿高粱米饭吃。由于营养不足连站都站不起来，所以不少孩子被中国人收养了。他的姐姐，妹妹也被别的中国人领走了。后来在中国人之间先后被转换四家。他最后的第四个养父母家是地主，生活富裕，家中还有一个儿子和三个女儿。原来养父母需要一个干活的人，才收养他。他的活是每天放50到60头的猪。如果猪仔被狼吃了，就会遭到痛斥，不让进家；不给吃饭，只能在外边睡觉。每天早晨要三点钟起来做饭。如果做不好的话会挨打骂。记得他在十岁时，养姐生小孩，产后的一切照料

清水宏夫

都由他来承担。当然，他不能上学。现在他不爱说以前的事，不想说养父母的坏话，仍然认为养父母是救命恩人。他只是说：

"养父母待我还可以。"

可是他说"我是从苦难中熬过来的"的时候，眼睛冲满了通红。能想象出来他是如何一个人忍受着少年时代，在地里干活时的辛酸苦难日子。

又过了两年，八路军接管了村政府，养父母家的财产被全部没收，还让搬进山沟里，养父母家一下子穷起来了，吃的只有定量供应的黄豆。一家在贫寒的乡村种玉米和高粱为生。

过不久，养哥找到林业局任职的工作，于是便搬家了。在新的地方，他已13岁了，才开始上学。他回忆说：

"从那个时起，养父母的态度有所改变，好象把我成了亲生孩子一样了。"

他读书成绩好，中学毕业后，又考入哈尔滨的农业机械化学校。

1963年，他到了牡丹江市农业机器厂工作。由于他时刻记住自己是日本人，所以对自己约束很严，不说闲话，不与他人吵架，老老实实的工作，所以每年都被选上优秀工作者。同事劝他，你干得这么出色，为什么不入党？入了党就能提升。但对日本人的他来说这是不可能实现的。

1965年，结了婚，有了一男二女。

他早就向单位党组织汇报了自己的身份。他觉得瞒也瞒不住，还不如先提出来。所以在文革期间没有遇到迫害。

在文革末期，听到了中日邦交恢复的消息。可当时还在社会运动当中怕受影响，牡丹江市内的日本孤儿们互相瞒着自己的身份。1972

年，以后，残留妇人和孤儿们一个又一个的回国探亲。

"我想回去！"

他难以控制自己的心情。

1976年，他给日本大使馆写信。根据自己的记忆写出来自己的名字"清水宏夫"还记得父亲名字叫"金一"妹妹叫"三千代"，这些名字不会念但是汉字没忘记的。另外记得小时候在学校每天用抹布擦地板，把带皮的土豆放进锅里做酱汤吃。

过了一个月后，大使馆回信了：

"根据我们的材料，清水先生的亲戚在长野县，请您直接写信。"

信中还有说明"他姐姐和妹妹都没有回日本"他马上根据地址给长野县的父亲的亲属写信。

盼望着回信。直到半年后伯母回信了，好象是求别人代写的中文。信里这样写道：

"您的确是清水宏夫，没有错。"

他按捺不住自己的激动终于找到了自己的根，但是再看了看信：

"您已经和中国人结婚了。而且有了工作。现在日本又不景气，您还是别回来的好。"

他看到这封信，心情很不好受……好不容易找到亲属，但回国的路子又断了。

当时日本政府的政策是，如果孤儿回国，应该由日本的亲属来办理回国手续，而且回国后要负责照料孤儿。负担也的确是很重的。对日本的家属来说孤儿不会说日语，除了本人以外还带有家属。孤儿父母，兄弟姐妹或者了解孤儿的苦难的人，虽然，欢迎孤儿回国，但不一定所有的孤儿亲属都那么热情温暖。这并不是责怪亲属的冷淡。

他并不灰心。为了自己和三个孩子必须得要回日本。当时孩子的年龄是四岁到十一岁，考虑到以自己的身份和力量，无力让孩子上大学或者专业学校，将来没有文凭是找不到好的工作。他考虑到孩子的将来，尽管自己已年龄 40 岁，回国以后会有很多困难，可是考虑到了孩子的将来和自己的精神安慰必须要回去。牡丹江的孤儿谁要回国，他委托他们与他的日本亲属联系，转告他们想要回国的心情。并委托他们找母亲方面的亲属。不久同乡的孤儿找到他的姨妈，情况又有了转机。

最后，还是姨妈给他办理的回国手续。1979 年，由公费回到了日本。当时国家的援护措施似乎什么都没有。在"身元引受人"的亲属帮助下，他在长野县饭田市，租了一间私人房子。接受了二个月的生活保护，可是在长野县里没有学日语的条件，所以，他通过其他孤儿的介绍，搬到了横滨。

后来，他患了肺结核，不得不接受生活保护，以求恢复身体。以后，便到职业训练学校学习，毕业后去零件工厂工作，一直到 61 岁退休。现在，在中华街打短时工。他说：

"在日本不工作的话，就不能生活。"

他妻子的身体本来不好，做不了工。

按国家规定，孤儿回国后年龄到了 65 岁时，能接受国民年金二万二千日元。这笔金额，等于是在国民年金的保险费里，有 1/3 是国家负担的部分。当然，这些钱是无法生存的，于是他在三年前又补交了国民年金保险费的不足部分，130 万日元。这样，他 65 岁以后，领到了 6 万 6 千日元的国民年金全额。另外他有厚生年金的 3 万日元，两个年金加起来的不够 10 万的生活费来维持夫妇两个人的生活。

他的住房费就7万5千日元，已占去生活费的3/4。如果他申请生活保护的话，得先把存款花完才能申请。而且有规定，如果接受年金的人申请生活保护的话，支付的生活保护费的金额是，年金和生活保护费和起来不能超过12万日元。如果他有10万日元的年金的话，只能给2万的生活保护费。所以他若申请生活保护，等于白补交了那130万。

他回国时，是用的中国护照，所以，虽然他有户籍腾本；可政府机关一直让他办外国人登记，把他当成外国人。直到五年后的1984年7月法务局才承认了他的日本国籍。

"虽然我们不会说日语。但我们是日本人。希望承认我们。我们回来这么晚都是国家的责任。1981年日本政府才开始了正式寻亲调查。中日邦交恢复后已经过了九年。归国太晚了，工龄短，年金少。无法生活下去。"

日本政府一直认为残留孤儿问题是"个人问题"，应该由本人和亲属来解决。就是政府的这种态度使残留孤儿的问题便成了很复杂，很难解决。

住在东京的冈村清昭(71岁)。在战败时，他已经13岁了，所以记得自己的姓名，地址。他也是唯一的从集体自杀人堆里逃出来的人，他的亲属都死亡了。中日邦交恢复时，他也不知道应该怎么办好。后来，原住在延寿县马青山，现在回到在东京的一位孤儿告诉他，

指着开拓团牺牲者名单里的自己姓名的冈村清昭和他妻子

91

可以找一位叫山本兹昭的和尚，他会帮忙的。他就写信给山本和尚请求帮助。在和尚的帮助下，马上查到了日本亲属。1977年，他短期回国，回到故乡奈良县吉野郡大塔村。回到了日本后，他才知道自己家属的命运与遭遇。

他一家是在战争快结束的1945年5月27日从大阪坐船出发，同年，六月六日来到中国滨江省延寿县里（当时的名称），做为大塔开拓团员来做农活的。可刚到不久，八月十五日日本就宣布战败投降了。

根据材料，大塔开拓团是在九月七日早晨，吃了氢酸钾实行集体自杀，死者有150多人。他回忆说："九月六日发的毒药，七日早上八点左右还没吃早饭时，父母让我和妹妹弟弟吃了毒药。"

可能是他把毒药吐出来了，过了大约一个小时，他又醒过来了。他只记得，跑到山上四处张望了一会，又回到村里时，发现村庄已经着火。看来是团干部让团员各家吃了毒药后，又挨户的检查，接着又放火毁迹。吓得他跑到山里，流浪了20多天，后来是住在开拓团附近叫朱喜林的中国人收养了他；给他起名叫"朱庆祥"。跟养父一起过日子。在养父家他帮家里种高粱，玉米，大豆，水稻等。虽然家境不好但养父对他很好。他从16岁开始念书一共念了十年。他在中国一直是很朴实。

后来，找到了日本亲属，短期回国探亲。回到日本后，姑姑一家，叔叔和姨妈都很照顾他。村里的大塔开拓团牺牲者纪念碑上还刻有他的名子。寺庙里一看也有自己的名字。他也知道了当年开拓团的正副团长都活着回到了日本，副团长还对他说："他的姑姑，姨妈都死在中国了。"他短期回国时，他到副团长家去作客时，提到了当时大塔村开拓团的事。不过，他疑虑重重，心情复杂，心想：为什么他们能活着回来呢？另外，叫他最高兴的还有见到了小学时的同学们。

他本来想回国定居，可是妻子的父母不同意。他更舍不得与她一起同甘共苦的妻子，无奈只好等待。1990年，妻子的父母先后去世后，由日本民间义务支援者给他当"身元引受人"他才回到了日本。当时的原则是，找到亲属的孤儿要回国的话让亲属来当"身元引受人"，如果亲属不同意，才可以找别人做"身元引受人"。可在中国，想找日本的"身元引受人"不是件简单的事。幸亏他找到了"身元引受人"，可是找不到"身元引受人"回不了国的还是有很多的哪。

虽然找到"身元引受人"。可如果要是等待公费回国的话，需要等很长时间，不知什么时候才轮到自己。由于心急回国，他选择了自费。便借钱准备旅费，先与妻子和大儿子回国。过二个月后儿子找到铁器加工的工作。第二年，又将其四个孩子也带过来了。孩子们回国后便立刻独立工作生活了。而他由于身体不好，不能工作，一直接受着生活保护。

"开拓团都吃了毒药，而没死的只剩下我一个人，也许是神灵在保佑吧。战败时，军人都能回国，而开拓团员却没法回国，而被处死。幸亏活下来能回国，却没有保险，养老金。真是不可理解，觉得太不公平了。"

他一家在1945年5月日本即将战败前去中国的，家里有父母，祖母，姐姐，三个弟弟，二个妹妹。可谁能料到，三个月后，一下子失去了全部亲人！

"我认为，父母兄弟姐妹全部是由于受到罪恶的命令而被杀死的！如果在那种形势下不去中国，我的家属都能活着，我也就不会成为孤儿。日本政府抛弃了我们，很长时间不管我们，不寻找我们。"

是啊，残留孤儿是怎么形成的？为什么一直到战后过了60年，还没有解决这个问题?我想答案就在他的话里，事实都在他的话里！

归化到祖国的孤儿

他记得自己的出生地，而且没受到战时死亡宣告，所以在故乡还有他的户籍。可是因为他是从中国回来的，所以政府认为他是中国人。不承认他是日本国籍，让他办归化手续。结果为了恢复日本人的正确身份，不得不办归化手续。这位住在东京的孤儿红谷寅夫（65岁）。他回忆说：

"我和政府说有户籍，可他们怎么也不给办。我想尽早恢复日本人身份，只能办理归化。"

现在，厚生劳动省中国孤儿等对策室的工作人员这样回答：

"不会的，这不可能的。如果有户籍的话，可以确认日本国籍。当时的入国管理局人员以为，孤儿都是中国籍，所以是误会。最近不会有这种事。"

当时政府没有设立对策室这样专门针对待孤儿问题的机关。可是虽然最近没有这种事，也不能把他的事情成为过去的事，来简单的看待。当时，他只能听从政府说的去作，可是一直到现在也不明白，为什么要让他归化。

中国名叫"李文学"的他，在1975年回国定居了，因为亲属承认他是"红谷寅夫"给他办回国手续。可是回国后，政府让他办外国人登记。竟然，政府官员说"如果要恢复日本身份的话，必须得办归化手续"。后来到1978年12月才批准归化，恢复了"日本人的红谷寅夫"原来的身份。

现在也无法追究那位负责人的责任，不过，他是通过归化才成为日本人的事实。这正说明了，日本政府对残留孤儿的问题，还没有系统的政策，只是敷衍了事的临时对策。

他的半辈子是苦难的。他出身在长野县松代町（现在的长野市）。他六岁时，做木匠的父亲带着母亲，二个哥哥，一个姐姐参加埴科乡开拓团到中国东安省宝清县（当时的名称）。

刚刚到达时，中国大地是白雪皑皑的。他家种玉米，黄豆，土豆和大米，还记得当时吃大米情景。而邻居的中国人吃的是高粱米和玉米。

到达中国的第二年夏天八月份，在河边，和邻居的孩子们一起摸鱼玩的时候，突然哥哥叫他：

"寅夫！寅夫！"

他招手回答：

"我在这里。"

他回家一看，马车上载满了财产和工具。听他们说因为苏联进攻了，县政府下达命令避难。他一家是在晚上出发的，只有最小的他能坐上马车，其他人都走着逃难。而家里的牛，山羊，猪就扔下不管了。

走了一个通宵，在早晨过一条大河时，苏军的飞机来轰炸，大家吓得四处奔跑。他跑进附近的玉米地里潜伏，飞机转了几圈飞

红谷寅夫

走了，难民们回到马车旁继续走。

走到火车站也没有火车，几百名难民从山里走出来，正在下着大雨，遇到了一条河，由于没有桥梁，河水又浑浊激流。大家只能把马车也扔下。

他骑在马上，比他大九岁的哥哥拉着马，游泳过河了。其他人也学他哥哥一样游泳过河。人们把被褥，锅等都扔下了，只带着钱，衣服和少量食品。

又走了一段时间，到了勃利县的佐渡开拓团遗迹，除了埴科乡开拓团以外，还有十多个开拓团在这里集合，难民已经有了三千多人。这个地方就是后来被成为"佐渡开拓团遗迹案件"的发生地。当时开拓团员并不知道日本战败了，所以，团员还在袭击苏军飞机，苏军包围佐渡开拓团要报复。8月25日，500多名高社乡开拓团员进行集体自杀。8月27日埴科开拓团的228人和其它开拓团的1500多人被苏军杀害。

他记得，当时在佐渡开拓团遗迹待了几天。开拓村是用土墙围起四方形，每道墙上都留有监视用的孔。他曾跑出墙外挖过土豆，摘过玉米吃。

有一天，传来三辆苏军装甲车靠近的消息，父亲，大哥和其它人从墙孔向装甲车开枪。到当天中午，苏军飞机又在空中飞来飞去，大家又向飞机使劲开枪，飞机中弹着落后，难民袭击并杀了二个苏军，有一个逃跑了。

过几天后，苏军包围开拓团，大炮，机关枪一齐向难民开火；开拓团想反击可子弹已不多。

他正在屋里和母亲，姐姐一起吃土豆。炸弹在屋边爆炸，房子的玻璃全碎，充满了烟雾。他吓得要跑出去。可母亲和姐姐拦住他：

"危险！别出去，会炸弹死你的！"

可他忍不住，爬到屋外土墙边。看到邻居姐姐胳膊受伤，疼得难以忍受冲他喊着：

"我不行了。寅夫！杀我吧！"

他撕开汗衫给他包扎伤口。土墙边尸体堆成山。他看见一个年轻妇女对拿枪的男人痛苦的哀求：

"您杀死我吧！"

可男人说：

"不行，子弹没了！"

然后，他喊一声：

"天皇万岁！"

男人反而向着自己开了枪。男人死了。

红谷的右大腿也被子弹打穿了，但由于害怕，他并没有感觉疼痛。过了一会枪声停了，他小心地爬上土墙往外一看，有多得怕人的苏联兵正在外边。吓得他要死，往象海洋一样的死人堆里倒了下去，混在血肉模糊的尸体里。

苏军进村来了。他藏在尸体堆里，屏住呼吸。苏联兵搜夺尸体上的手表，戒指等贵重物品。同时用枪，用刀扎杀死尚存一息的人。一个士兵走到他的身边，在他的身上扎了一刀，他立刻昏过去了。

不知过多长时间，他醒过来了。天黑了，还下着小雨。他衣服被撕开了，可他感到还活着。听说苏军杀死难民后，把房子全烧了，在这里烤马肉吃，高兴地吹喇叭，唱歌狂欢乱饮完了后走的。

他小心翼翼的观察着四周，试着站起走路。后来碰到一位邻居姐姐，就是他撕开衣服给包扎伤口的姐姐。两人决定一起找去父母，在村子周围大声喊叫：

"爸爸！妈妈！"

没人回答。只有找到姐姐的父亲的尸体，可找不到他的父母。在寻找中又碰到比他少一岁的邻居女孩。三个孩子坐在屋檐下商量着第二天怎么办。

天亮了，孩子们的说话声引来了附近的三个中国人。其中一个人拿着枪，一个人拿烧饼递给孩子们。他伸手接了，可姐姐打他的手说：

"不行。有毒，别吃！"

饼掉到地下。可是他太饿了，又捡起来放嘴里。中国人说：

"我不是苏联人。我是中国人。我不会杀你们的，放心吧。我带你们回家。"

因为，他腿上受伤了，所以让他骑着马，而另外二个孩子自己不行，中国人把三个孩子都带走了。他到的是一户姓张的人家。记得张家给他吃大米饭和猪肉粉丝。他吃得饱饱的。但是他听到了张家夫妇在吵架。原来，张家已经有孩子，所以妻子反对收养他。结果，张家后边的李家收养了他。李家给了张家一麻袋大米或者黄豆。

在李家刚生活了一个星期，苏军来了。闯进家来便抢贵重东西和酒，还找女人。一个士兵翻到了玻璃瓶子，以为是水便喝下去了，结果瓶里装的是灯油。他吐出来后，生气的将灯油点着了。养母慌忙用被子浸上水盖了着火的部分。他看到这个场面，又想起了杀死开拓团的场面，觉得眼前的这个苏联兵和那些残忍的士兵一样，他想拿藏在灶里的枪杀死这个凶手！可是养父看出了他的意图，飞跑过来阻拦他，又使劲打他。

99

他委屈的哭了起来。哭着又跑到佐渡开拓团遗址。尸体已经腐烂了。正在转来转去时,又被苏军抓走了,被带到另一个村庄,押进一所房子里,里面还有30多个日本人。所有的门窗都被从外边钉死,只留下一个可以开枪的窗口。他是躲在墙角落里才死里逃生的。因为别人的尸体盖住了他的身上。除了他,几乎全被打死了。苏军刚走,突然一个20几岁的女人站了起来。她抱着婴儿,打碎了玻璃往外跑。他也跟着她往屋外跑。她抱着婴儿沿着黄豆地,土豆地,向高粱地里跑去。可是过了高粱地又碰到了七个苏军。他在女人后边约有15米的地方走着,赶紧爬进高粱地里藏着。苏军戴着贝雷帽拿着短枪。七个兵把她拉进了高粱地进行轮奸,婴儿使劲的哭,最后他们又残忍的用刺刀豁开了她的肚子。苏联兵走远后,他走近一看,她肠子都露了出来。他把哭着的婴儿轻轻地放在她的乳房边,然后一个人进了山里。走了一会儿,在山里碰到了李家养父母的邻居,他是到山上采蘑菇来的。他认出了他说:

"这不是老李家的孩子吗?"

邻居带他回到李家。从养父母家奔走后,他一直吃生土豆,结果闹肚子生病了。养父到山里采草药给他治疗,十天后恢复了。之后养父给他起了中国名子"李文学"。

二年春天,他家搬到幸福村,他开始上学。同时在家中帮养父母放牛马,放猪。在五年级时,又去了邻村的青山村小学。可同学们欺负他,骂他,侮辱他:

"日本鬼子!小日本!"

比他大三,四岁的男孩子按住他手脚往他嘴里撒尿,还把屎塞进他嘴里。

"为什么我是日本鬼子呢?"
他不知为身世流过多少眼泪。

　　上中学的一天,他请假给家里拉牛耕地。邻居求他帮忙,他又顺便便给邻居也耕了地。养父在家等他到中午还不回来,便亲自到田地来找他问到:

"你干什么哪?"
不听他的解释,用牛鞭打他。他不能忍受,又跑出家门。

"我想回国!"
他又离家在山里徘徊,偷吃庙里的供品,流浪一个多月后;偶尔碰见一个中国人。中国人问他做什么的。

"我要回日本!"
那人先笑话他,没有钱是回不去的。但那人告诉他钻进煤炭货车到大连然后坐船回国也可以。后来,当他刚走近火车站附近时,又碰见了养母的姐姐和姐夫。他们告诉他说:

"养父母正在找你,为你担心呢。"
他们把他又送回了养母家。回家后养父母说他太让父母费心了,养父说:

"打你,是让你干完自己的活,然后赶紧去上学去。"

　　第二天,他又开始上学了。尽管养父母有时还说他,可他们还是很善良的。养母以前给日本人的稻田帮过忙。估计那个日本人对她是好的。所以,他们对日本人的印象还可以。后来他念了高中,大专,成为兽医。在哈尔滨的军马场做兽医。

　　1960年代,单位进行身份调查, 领导说:
"你是日本人。回外地去吧!"

实际上是命令他离开了工作岗位，调回了勃利县。

在勃利县，他与60来岁的高载书记成为好朋友。高书记原来在日本人手下开火车，战后有探出日本军的炸弹和子弹的贡献，成为党书记的。

可是在1966年，掀起文革当中，群众追究他：

"为什么和日本人交朋友？"

高书记被叫"高载三郎"（日本人的名字）

他和高书记一起被批判，被戴上三角帽，写着"日本鬼子"。游街示众，成为批斗的重点对象，每次游街到晚11点多钟。他没有挨过打，但是，跪一个多小时在砖上；让群众观看，这种遭遇和苦境一直连续了五年。

那位个子高大的高书记忍受不了屈辱，吃农药自杀了。他也想过自杀念头：

"我不能死。死了就回不到日本了！"

他的孩子也因为是日本人的孩子而受欺负，所以他就恨为什么自己是日本人，埋怨自己的命苦。

1972年，中日邦交恢复，他在心里举杯欢庆。第二年，他往故乡长野县政府写信。他的信通过住在松代的舅舅，最终轮到了东京的比他大14岁的姐姐手里。当时姐姐没有去中国，而留在东京的。他和姐姐开始有了书信来往。

"你小时候住的房子是什么样？"

"在神社里有什么？"

姐姐问他。他尽可能的把自己所记的事情都写给她。如房子旁边有河，后边有马路，而且这条马路比房子位置高。马路底下有隧道，隧道里流着河。在这隧道河里钓过鱼。房子前边有苹果树和栗子树。
结果姐姐证实了他的记忆"没错"。
姐姐担任了他的身元引人，为他办理归国手续，并随信将姐姐家属的照片寄过来了。

他拿着这些材料到公安局申请，可公安局不允许他把妻子和六个孩子带回去。只让他一个人回国。

1975年3月，他一个人回国了。当他到羽田机场，看见了写着"红谷寅夫"的横幅时，他感动得，"眼泪哗啦哗啦地下来了。"

他住进姐姐家的楼上，第二天开始在电话零件厂工作，在工作当中向同事们学日语，回家后再听广播学日语。过了一年，住进公司的宿舍。可他日语学得不太好。比如人家叫他拿螺丝刀，他却给他锤子拿来，同事气的把锤子扔回给他，他感到伤心难受。为了把家属带回日本，他咬牙工作。白天在厂子上班，晚上又在中国饭馆打工。花了二年半的时光，他终于把妻子和六个孩子都带回来了。后来，他又在一个机械公司工作，那里，有很多从中国来的研究生。他工作了五年。还在饭馆当过厨师助手，自己还成立过饺子工厂，但是没有成功。1995年又做过清扫工作，直到2001年退休。从2002年开始接受年金。一个月的年金只有十万日元左右。孤儿当中，回来最早的他只有这些年金，夫妇二个人生活困难，孩子们只好每月援助二万日元。

"孩子们也不容易，可是没办法······比我回来晚的人年金更少。"

他担心有病医疗费怎么办？死后坟墓怎么办？总之，担心的事太多。"我们的苦难到什么时候才能结束呢？小泉首相常到靖国神社安慰为战争死去的人。也应该考虑考虑我们这些活着的人。"

想到自己一生就深表遗憾。事业也不成,国籍还让归化。为什么自己的人生走了这么多苦难的道路呢?他自己无论如何也找不到好的答案。

在两位父亲之间

在中日邦交恢复后，立刻和日本方面取得联系，在70年代里返回日本的孤儿，大部分是年龄比较大的，能记得亲属和故乡。他们回国后，对未能寻找亲人和回国的孤儿们也提供了很大帮助。就是对寻亲孤儿来说，如果国家不帮忙的话，只能依靠先回国的孤儿们和残留妇人们来帮助寻找亲属。齐间剑佳志(60岁)便是由1975年回国的红谷寅夫，将他的消息转告给了齐间的父亲。父亲马上去中国找他。可当时中国还有很多未开放地区，他住的地方就是未开放地区，所以他父亲不容易见到他。但是，父亲为了早日见到儿子，不管多么麻烦也从不灰心。

年龄稍大的残留妇人们也和红谷一样，同情那些和自己一样遭遇的孤儿们，愿意帮忙他们寻找亲人。后来他们与想在中国寻找孤儿的日方家属连和起来搞民间孤儿寻亲活动。寻亲活动工作中，度过了重重阻碍。

齐间一家也象红谷一家一样，参加了当年的垧科开拓团。战败时，他才二岁，自己没有记忆。他在五岁时，当时邻居

齐间剑佳志

孩子们拿他开玩笑说"日本孩子!"所以,他回家问养父母,养父母告诉他是日本人。

听养父母说起"佐渡开拓团事件",他养父到现场时,发现了全身血的日本妇女怀抱着孩子。她还有呼吸。养父用日语对她说:

"这个孩子我来扶养吧。"然后把孩子抱回家。这就是他。他的养父在小学教书,日语说得很好。家里还有比他大八岁的女孩。他从小就知道自己的父母不是亲生的,他在想:

"想见到妈妈爸爸!"

也想日本国在那里?什么时候能见到父母呢?

养父母对他很好。记得小学时,他很淘气。放学后在回家的路上,到河里摸鱼玩,玩的很开心,把忘了时间;不知过了多久,天已黑了。慌忙跑回家后,才知道养父母很担心他丢了,请邻居帮助来找他。当他见到养母时,养母瘫软在地下哭了。

他很感谢养父母,为了让我接近日本,需要到外边去闯。当时在中国不能随便更改住地。想从农村调城市去的方法,只有是考上中学,高中,才能随着户口迁住城里。他拼命的学习。在三个村里,150个报考中学的孩子中,只有七个人考上了,他就是其中的一个。在中学时,住在学校宿舍。在村里只有三个孤儿,可是到了勃利县发现有很多孤儿。他念完中学后,又考上了佳木斯的师范学校。

师范学校毕业后,在中学当老师九年,做过教导主任。他当教导主任时,文革开始了。周围的人都知道他是日本人,尽管平时就对自己要求很严格,处处注意,尽量不做别人不愉快的事。但还是每星期至少有一次被传到无人的教室中挨一个小时的批斗,检讨。一直继续了半年多,然后,有二年的时间被隔离,在学校附近的煤矿的炸药厂干活，同时依旧被强制地写检查。

养父也遭到了被害。他被戴上了"汉奸"的帽子，家被抄了，书信被一扫而光。当时人们认为"汉奸"比"日本人"罪恶还大，所以被批判得更恨。

文革结束后，他恢复了名誉，并入了党，又担任了校长15年。

另一方面，1975年回国的红谷和他是同一个县的，很了解他的情况，所以回国后，红谷找他的日本父亲，并将他的情况告诉了他父亲。在1978年，他父亲到了哈尔滨，向中国政府提出要求"想与在勃利县的孤儿们见面"，然后聚集了十几个孤儿，可是当中没有他。当然，他无法知道自己的父亲到了哈尔滨。后来才知道养父故意没有把详细的地址告诉红谷，所以中国政府也没法通知他。

虽然如此，但他的父亲并不灰心。回到日本后又通过红谷打听他养父的地址后，与养父开始了书信往来。这些事，他本人尚不清楚。

1980年，暑假时，他反回养父家中。养父才让他看了日本父亲寄来的十几封信和照片。还有开拓团时，父亲的照片。当时，养父把他的身世告诉他的时候，养父患高血压病。

"你好考虑吧。"

养父这样说。可是，他很了解养父怕他走了。养父问：

"你想回日本吗？"

他知道养父的心思，只好说：

"我有中国父亲，不想回去。"

可在他心底有时在想："我想见到自己的父亲！"但绝对不能说出口来。他不能违背良心。

养父把他的地址通知给了他的父亲以及红谷。他觉得养父相信他，孝敬养父的感情是不会变的。

不久,离鹤冈市不远的城市佳木斯也对开放了。1981年5月,日本父亲来到了佳木斯。红谷提前给他打了电话告诉他父亲访华的事。但是还不知道具体是哪一天。公安局外事处给鹤冈市的学校打来电话来告诉他要到佳木斯的一个饭店去。他带妻子去了,养父没说话。

在饭店中,有一个日本男人等着他,旁边还有几位日本人也在一起。他后来才知道,他们原来都是开拓团的老同事。大家仔细观察他连连点着头说:

"长得象,没错。"

他父亲讲述着自己和家属的情况……。在1944年,夫妻俩带着他的二个姐姐和他到了中国,1945年,父亲被征兵离开了家,然后被送到日本的宫崎,所以战败时,他正在日本……。父亲说了好多直到晚上11点多钟。

然而,父亲的回忆对于他来说是陌生的,所以只是沉默地听。父子俩没有拥抱,也也没叫"爸爸"。父亲的同事们让他承认父子关系,可他没有答应。

他虽然也感到这位老人是他父亲,不过考虑到养父,他叫不出"爸爸"来。他也想认父亲,如果认了的话就得回日本,对不起养父母。虽然找到了亲父亲但也不能不要养父母。

最后,父亲灰心难过的走了。翻译对他说:

"你父亲为了寻找你来过中国好几次。"

四个月后,红谷回中国探亲,到他家来,十分生气的指责他:

"你怎么不承认你父亲呢!"

然后,告诉他:

"为了寻找你，三次去沈阳，哈尔滨，佳木斯等地区，历经艰辛，拼命的寻找儿子。"

他听了十分感动。委托红谷给父亲写信，写了为什么没承认父子关系的难言之苦。父亲也理解了，从此父子开始了通信。

由于养父有病，他父亲每隔二，三个月，就给养父从日本寄来药品，为了让养父康复，他每月从90元的工资中拿出50元交给养父。

1983年，勃利县向外国开放，日本父亲马上来了，他还给儿子的养父母三千人民币做为谢礼。

在聚集了很多人的地方，日本父亲将钱包在手绢里交给他的，让他转给养父，这三千人民币在当时比他三年的收入还多。养父不敢接受。担心收下了钱，儿子就可能回日本去了。他理解养父的心思，解释着：

"我不回日本。这是日本父亲给您的，您收下吧！"

另外，他向日本父亲表示：

"在我养父健在期间，不能回日本。"

日本父亲也答应了。然后，父亲拿出了未判明孤儿※2的名单，请他也帮做寻亲工作。

他看到过父亲和养父二人好象在商量什么事。最后养父对他表示：

"让你父亲伤了很多脑筋，你想回日本的话，就回去吧。我有生活费，能照顾自己。"

养父虽这么表达，可他还是不能离不开养父，养育之恩永生难忘。

他在两位父亲之间······。

父亲特意到勃里县去看养父，对养父又很客气，又尊重，他也对日本父亲的感情越来越深厚了，但是深藏在心理的感情却无法表达出来。

尽管父亲给了养父三千元，但他照样每月把工资的一半送给养父。

1984年，养父去世了。二个月后，日本父亲又专程到中国去养父坟墓献花，烧香。看到了日本父亲善良，忠诚行为唤起了他对亲生父亲更进一步的敬佩。可是，考虑到在养父的墓前不能对父亲过于亲切。唯恐对不起养父。

日本父亲又参观了他所在的学校。他们还没有正式承认父子关系时，那时，日本父亲就把战时死亡宣告削除掉的户籍也恢复了。他拿来了他的户籍腾本说：

"你以后可随时回日本了。"

养父去世后，养母对他说：

"你回日本吧，不要等我死了再走，快回去吧！"

同年九月份，他带妻子和大女儿回日本探亲，父亲到成田机场接他们，父子俩拥抱在一起流泪，那天晚上，父子二人说话唠嗑，哭了一个通宵。父亲又为了能和儿子聊天，学了一点中文，虽然语法不对，可也能用单词交流感情。

他在长野县父亲的家中住了三个月。父亲在战后又结婚了，又有一个儿子，三个女儿。父亲开面包车带他到当地政府和学校等地方去参观。因为他在中国是中学校长，又带他去小学，中学校；大学校视察，还有翻译跟随。

他在父亲身边觉得很幸福。在那三个月的时间里，父子俩的感情得到了沟通。父亲很怀念以前在中国的那些岁月，一谈起妻子和女儿的不幸，就难过的掉眼泪。

但是父亲没有怎么劝他回国定居。

"你在中国有好工作。受人尊敬，朋友也多。可能在中国比在日本要幸福。"

他觉得：

"父亲知道孤儿们归国后很辛苦。父亲是以诚心而负责任的态度来看待这些事的。"

他回中国时，父亲给他买了四台电视和录放机，光买电器制品就花了 100 万日元。

以后，父亲又来过几次中国。1989 年的天安门事件以后，父亲劝他回国定居。可是开始办理定居手续时，他发现继母和继母家属反对他回国。并以放弃财产继承权为条件，才允许他父亲做他的"身元引受人"当时，日本政府的规定是判明孤儿要回来定居时，须由孤儿的亲属要做"身元引受人"。如果亲属不同意的话，孤儿很难回国定居。可是亲属拒绝做"身元引受人"的孤儿很多，使这些孤儿回国定居拖迟了很久。后来在 1994 年这个政策变更了。

1991 年 6 月，他和妻子回到日本。先进埼玉县所泽市的中国归国者定居促进中心住了 4 个月后，到长野县的父亲家附近定居。他考虑，与继母及异母兄弟姐妹的关系不好处理。他求父亲在东京找了房子。在三个月后 的 1992 年 1 月，他搬到东京都大田区，他租了一间一个月 56000 日元的房子夫妻两个人开始了新的生活。三天后，通过一位孤儿的介绍，夫妻俩在泡沫苯乙烯厂工作。同年 3 月，又把大女儿和大儿子两家办回来，他们马上找到了工作。

后来，他又上职业学校学了半年，毕业后找到楼房清扫工作。一天给 9000 日元，妻子在饭店客房做清扫的短时工。2003 年 4 月，他退休了，现在靠妻子的工资和二万日元的厚生年金生活。

有一次，长野县的姨妈问过他：

"你在中国是做中学校长的,还干清扫工作哪?"

"我已把年轻时在中国努力奋斗得到的,那些地位都抛弃了。现在做为日本人在日本生活,就不要留恋过去的事及过去的地位。"

尽管生活不富裕,他认为自己的情况比别的孤儿好多。

"我很幸运,周围的人都很善良。而且养父母对我很好。"

搬倒东京后,父亲每月给他寄来水果。他也在一年当中,有二,三次回长野,父亲在2003年3月份去世了,享年九十岁。

不过,他对日本政府也有意见。

"政府不拿我们当日本人。好象对待难民,受到歧视。判明孤儿要回国还得由亲属决定。由于亲属不同意就回不来。政府为什么把孤儿问题推到亲属身上呢?为什么要附加那些条件呢?很多孤儿象我一样,父亲再婚,继母反对孤儿回国。而且,孤儿定居时必须在亲属身边定居政策也不对。我在长野县一个朋友也没有,在东京有孤儿朋友。政府好象故意刁难孤儿是的。"

"考虑到将来就感到害怕,将来妻子干不了工作怎么办?厚生年金,国民年金都很少,只能接受生活保护。"

"我们年金很少的原因是政府造成的。如果当年政府如尽快办理孤儿问题,早些回国,早参加工作,适应社会的情况就好了。回国定居的孤儿当中有一半多的人参加了裁判,这也是日本政府丢丑的事情。希望通过裁判使国民更多了解我们孤儿。孤儿的现状是政府政策的牺牲品。"

※2　未判明孤儿 ····· 还没找到亲属的孤儿。

找到了亲属也回不去祖国

日中邦交恢复后的第九年，在1981年，以日本政府厚生省为主，开始实施孤儿集体寻亲访日调查活动，通过书信调查，再把孤儿召集到日本来，在公开的场合公开自己所知的线索。如被亲属提名要求会面的话，便可安排面对面核实调查，确认亲属关系。

可是听当时的厚生省官员说：厚生省和大藏省（相当中国的财政部）对没有判明的孤儿，应不应提供旅费的问题引起纠纷。表明了政府对孤儿问题没有完全同一系统的解决办法。

最明显的是政府一贯拿孤儿当成外国人来对待。也就是说，外国人想在日本定居的话，按照入国管理法的规定需要保证人。所以孤儿即使找到了亲属，如果亲属不做保证人的话，孤儿也无法回来。同时，政府对孤儿问题是当作"个人的问题"，意思是由孤儿本人和亲属来解决。孤儿归国的旅费基本上也一直是自费的，本人或者亲属付不起旅费的话，由亲属须向当地政府申请。而且必须得由亲属来申请，假如亲属不愿意承担旅费，又不去申请旅费的话，孤儿便无法回国。让留在中国的孤儿们解决旅费是不可能的。最后，还得由亲属们办理。

孤儿们不会日语，有的人甚至连中文都不会，所以，亲属们又如何与他们取得联系呢。孤儿回国后，对政府来说就等于完成任务了，可对亲属们压力也很大，亲属们要照顾那些不会日语的孤儿们。亲属们需要承受精神方面，经济方面负担。难道，这些都是"个人问题"？政府是不负责人的。

孤儿找到亲属，如亲属同意给孤儿办回国手续的话，孤儿可以顺利回国。另外，经过寻亲调查确认是日本孤儿的，但还没有找到日本亲属的孤儿，就不能归国了。所以，孤儿的身份是否判明，或未判明，这对孤儿的归国是非常关键的，有天地之差。所以孤儿衷心盼望能找到自己的亲人。

1981年，第一批访日调查，亲属的判明率是63.8%，1982年是75%，以后依次是55.6%，61.7%，54%，43.3%，可以看出亲属判明率越来越低。1985年11月份的第九批调查时判明率只有25.2%，当时有70%的孤儿没有找到亲属，从而造成孤儿无法回国的问题。

也许，未判明孤儿如果找到保证人，做为"外国人"办理旅游签证入境是可以的。可是回国定居，实际上不可能的。同样是日本孤儿由于没有身份的判明和未判明引起区别对待的行为，引起了国内外的指责。1985年，厚生省为未判明孤儿的回国定居，开始执行"身元引受人"制度。即政府向孤儿提供从一般国民当中招募有同情心的人来做帮助孤儿，"身元引受人"其实只是为了照顾和帮助归国后的孤儿，解决生活方面的问题，可是，实际上"身元引受人"和"身元保证人"对孤儿已形成了某一种威压或欺压趋时。这些情况，连厚生省的工作人员也都承认的。

政府对"身元引受人"的要求是：孤儿在归国定居促进中心日语学习四个月期间，要接送孤儿。帮助找房子，安排学校，就业等各个方面事宜。应该说"身元引受人"的负担很重，所以孤儿和"身元引受人"之间常常发生矛盾。

当然有了"身元引受人"制度，至少未判明孤儿有条件可以回国。希望回国者如按顺序等的话国家都给办手续。而判明的孤儿归国定居的进程反而慢了下来。因为随着时间流失，绝大部分亲生父母已经去世，寻找弟弟妹妹的姐姐哥哥也健在，这些家属对孤儿的感情很深，找到孤儿后不管手续多麻烦或复杂都给孤儿办手续。最后，剩下的亲属多半是战后出生的弟弟妹妹，或是远亲戚等，他们对孤儿的感情比较淡薄。不同意孤儿归国的亲属也越来越多。判明孤儿当中，不少人因为亲属不同意所以无法回国的。

这就是"身元引受人"制度的矛盾。这样反常的现象，其实歪曲了访日调查的本意。没查到自己根底的，未判明孤儿按顺序排队就可以回国定居。反而找到了亲属的判明孤儿，连日本户籍都有的孤儿因为亲属反对，却回不去。访日寻亲调查时，孤儿了解到了这种现象，担心：

"找到了亲属反而不能回来。"

厚生省在受到指责后，1989年又改革了政策，如果亲属不同意也可以找"特别身元引受人"制度。即，孤儿自己去找，然而，住在中国的孤儿怎么能有条件，有机会，有能力找到日本国内的"身元引受人"呢？这种制度只能是一句空话，很难实行。

在1993年9月份，发生了12名残留妇人，因亲属反对回国，一直回不来，而采取了行动……"强行回国"，他们到了成田机场无家可归，只好在机场露宿一夜。媒体将她们的遭受进行了报导，厚生省受到了各界的批判，结果，在同年厚生省又改革了制度，即以后不管判明或未判明的孤儿，都可以享受用公费回国定居。若判明孤儿的亲属反对孤儿回国，孤儿可以接受国家提供的"身元引受人"。

由此可见，国家对孤儿没有建立完整系统的处理方法，只能敷衍对付一时的问题，乃致孤儿归国进程被拖延了很长时间。并且亲属的负担沉重，所以孤儿和亲属之间造成很大麻烦。

从黑龙江省鸡西市回国，住在横滨的秋山三重子(60岁)就受到这种遭遇。

她是在等待了七年后才实现回国定居的，而且定居后，亲属对他一直对她不太欢迎。

在日本战败时，她还不到二岁。自己什么记忆都没有。听养父母和邻居说：当时被苏联军袭击，有500多名开拓团员进行了集体自杀，他是这次"麻山事件"的幸存者。

当时，她的母亲带这三个女孩走不动了。正好，一个煤矿工想靠近看看发生了什么事，但母亲不让他靠近。母亲先勒死了最小的女儿，然后准备把第二个孩子给勒死的时候，矿工赶忙把孩子抢了过来。母亲又死死地勒着最大的最大的孩子，矿工为了抢救孩子的生命，一边与母亲撕打；一边抢过孩子，母亲已奄奄一息。

抢过来的两个孩子，一个是她，另一个是姐姐。母亲过了一会就死了。养父把她抱走时，旁边的另一位日本女人问他：

"您收养这孩子吗？"

"是的！"

这时在女人旁边的孩子叫她：

"米诶口期昂"

秋山三重子每天向母亲的佛龛供水果和鲜花

女人告诉养父：她们是哈达河开拓团的。也曾把孩子父母的名字告诉了养父，可惜养父不识字，没法笔记，后来竟忘了。但养父记住了她叫"米诶口期昂"，也知道了哈达河开拓团。所以，养父记住了这些线索，才让她到日本寻亲的。

她参加了1986年6月份的第十一批访日调查团。当她寻亲提供的线索在日本媒体公开后，有人提出要求会面。

在调查期间的一天，别的孤儿都出去买东西了，可厚生省的工作人员让她留在会场，有二位老人和一位中年男子在等待。他们说什么，她一点也听不懂，只听得"米诶口"的发音。

没人理她，只管他们说话。她有点等不急了忙问翻译：

"这三个人是谁？"

"可能是您叔叔和哥哥。"

可是她听养父说过，有姐姐，没听说过有哥哥。便又翻译说：

"我没有哥哥。"

可那位中年男人肯定说：

"我是你哥哥。一看你，长得就象妈。"

然后，他又给她讲述了当时的"麻山事件"。他说：当时和母亲，妹妹一起逃跑时，受了很大的袭击，从马车上被甩下来，以后又迷路了。她不能相信自己有哥哥。又问：

"你为什么要寻找我呢？"

他又讲了父亲的事。当时父亲已被征兵入伍，战败后被苏联扣留，以后回到日本，又结婚了。1968年病故。父亲临终时，嘱咐他：

"有机会一定要寻找遗留在中国的妹妹，她们肯定会活着的。"

她又看了母亲的照片，发现母亲特象她。

通过这次调查，确认了兄妹关系。在调查期间，她还去过住在神奈川县的哥哥家里。当哥哥得知妹妹在中国粮食局当干部。又是党员，便劝她：

"你在中国有好的工作的，就别回国定居了吧。"

"怎么办?回来吗?"

她提出：

"我希望经常回国探亲。"

可哥哥不给办理探亲回国手续。还说：

"你第一次回来时，大家都愿意送钱给你，很受欢迎。不过第二次不会那么欢喜的，时间越长越没人理你了。"

回到中国后，单位的同时们说：

"找到了亲属还不回国?日本比中国先进的多，怎么不回去呢?"

当时，单位的退休年龄是55岁，她到退休年龄还有几年。可是单位希望她辞职，好把那些干部子弟安插进去。当时，有好多人都羡慕她那份工作。不过，她回国的愿望越来越强。

1988年，她向哥哥要求回国定居。可哥哥没有表态。嫂子的兄长夫妇，战前在中国住过。隔二年去中国一次，她每次都去夫妇二人逗留的城市去拜访，并且委托给哥哥带礼物。经常向他们诉苦："哥哥为什么不同意我回国定居。"后来，又求他们代替哥哥做"身元引受人"。他们解释说：

"是你哥哥不好。不过他不同意的话我们也没有方法。"

虽然他们不能做"身元引受人"，可是很理解她的心情。

她实在没有别的方法，通过原来住在她家附近，后来先回国的孤儿的帮助下，找到了义务支援者请求帮助。但是找不到"身元引受人"。

她又请求另一个先回国者,是住在东京的孤儿,他是原来的同事。她请那个孤儿到哥哥家请求哥哥做"身元引受人"。当时哥哥高血压住院了,她考虑的到不能给哥哥添太大的麻烦。最终,还是神奈川县政府为她安排了"身元引受人"。1993年2月,经历了千辛万苦的周折,好不容易才实现了回国的梦想。这是她找到了亲属后的第七个年头。在这之间孩子们都成家了。因为孩子们都成家了,不能用公费回国,只能夫妇二人先回来。

临回国的时候,她给哥哥写了一封信,到日本后也写了一封信,都没有回信。

回国后,嫂子的兄长夫妇到了所泽市归国者定居促进中心去看了她。夫妇把她回国的事已经告诉了哥哥,可是哥哥和哥哥的孩子们说:

"不要管她的事!"

她听了很难受。不理解为什么哥哥会这样,她想把哥哥忘掉。不管怎么说他还是亲哥哥,其实什么也不想麻烦哥哥,可又无法忘掉,必竟是自己的哥哥。其实她并不想给哥哥添麻烦。只要是能见面就行。她又给哥哥写信,由中心的老师给她写翻译文。

"政府安排的周到。生活没有问题,请不要担心。我就是想念哥哥,想去爸爸的坟地看看。我不认识路,能不能带我去"

还有写了:"在定居促进中心住了4个月后,在6月份住进了横滨市内的市营住宅,房子很好,生活没有问题,吃得也好,家用电器也有等等。"

过了不久,哥哥带了十公斤大米和5000日元来看她。还说盖好新房让她去串门。嫂子的哥哥夫妇的女儿在结婚时,夫妇邀请她参加婚礼,还要开车去接。她把这事告诉哥哥,哥哥反说:"你不会日语,又不懂日本的礼节与习惯，怕有失礼节。"结果她没参加，只是送了礼钱。后来在哥哥的女儿结婚的时候也没参加，只送了礼钱。她说：

"哥哥很朴素，是老实的人。爱吃饺子，经常到我家来吃，我很喜欢哥哥。"

1995年，哥哥去世了。

1993年6月份，在所泽归国者定居促进中心毕业后，住进横滨市的市营住宅，在同年11月份在一家肉食批发店的冷库里做切肉的工作。每天早上五点钟从家出发，一直到晚上八点多钟才能回家。一个小时挣900日元，一个月的收入有17万日元。公司开始还说到春天给她改为正式职员，可是到了春天公司又理这事了。由于不会日语的原因，工资也不给提薪。丈夫由于想家经常回中国。

她把政府给的安家费，所剩下的钱和工资积攒起来，供存了100多万日元。在1994年8月底，把三个孩子其家属一共九个人都叫回来了。"身元引受人"由她本人来做。帮她添申请表是她嫂子的哥哥。嫂子的哥哥还给孩子们找房子，找工作等帮了很多忙。开始全家十一口人住在她的房子里，不久一个接一个都有了工作，生活能自立了。

她在肉食店工作期间把身体搞坏了，1995年，冬天又在一家建筑公司的食堂里，做清扫和炒菜的工作，直到2002年6月份退休。但厚生年金只每月只有二万日元，不得已只有接受生活保护。她丈夫常常对她打骂，2001年二人离婚。

"我回国定居后一直拼命地工作。可现在靠年金生活不下去，所以如果接受生活保护的话，就要从保护费里扣除了我的年金。我以前做的工作，好象白干了一样。"

我问她回想自己的人生有什么感想时？她沉默了一会歪着头说：

"我没有感受过幸福。"

她在中国时，从小被转送过好几户人家，有没有吃的人家，有把她关在屋里的；有没有鞋袜穿的，有没有被褥的人家。由于听不懂说话常被挨打，在九岁时，开始上学。可是同学们骂她日本人。在她的身后追她骂她：

"打倒日本！日本鬼子！"

在课本上，小人书上都写着日本帝国主义侵略中国。使她抬不起头来。她学习成绩虽好，可是看到有写着自己名字的话怕受欺负，常把它撕掉。由于受不了欺负，她念到小学五年级就不念了。

最后一家养父母原来没有孩子，收养她以后连续生了五个孩子。所以，养父母十分感谢她，认为孩子是她带来的：

"你给我们带来了孩子。"

养父母没有打过她，但家里很穷。为了帮助家里，夏天卖冰棍，冬天去捡煤渣，干过制造钉子的工作，总之为了解决家境，她什么都去干。

她15岁便到粮食局工作，19岁时和同事结婚。不过丈夫从新婚开始便打她，她一直忍耐着。在单位也是拼命的工作。入了青年团，每三个月被选上优秀工作者。在文革中，养父因收留过日本孩子，而被扣留审查七个月。她很心疼，只能看在眼里疼在心上，不敢上前为养父说句公道话。养母怕连累她，让她在养父没有解放之前不要回家。那时代她本人也危险，只能沉默地做自己的工作。后来，养父母先后因病去世。

她牢记着养父母的恩情。尽管回日本后生活并不容易，但仍尽量帮助中国的亲属。回国之前养母把弟弟妹妹委托她：

"以后他们困难的时候，一定要帮忙。"

给养父母买了坟地，弟弟家遇到洪水时把房子给冲坏了，后来她拿出了150万日元买弟弟盖房子。不过现在她没有工作，帮不了忙了。

现在她喜欢和孙女一起玩，有时候和住在附近的孤儿朋友们一起出去玩。她们去看大海，觉得开心，能感到一些安慰。

她用五万日元买了佛龛，供奉母亲的照片，每天都插上鲜花，烧香祈祷。她也经常给父亲和哥哥扫墓。她也希望回到中国给养父母扫墓，可是由于生活保护制度的规定，她不能回去。

她回顾自己60年的人生，有时，她望着母亲的遗像在这样说：

"当时我和您一起死就好了，我虽然活了下来，可我的命又为什么这么苦呢。"

欺压孤儿的"身元引受人制度"

住在东京都的高野宫子（66 岁），也是因为亲属不同意回国，所以被拖迟了很常时间。

战败的时候，她母亲在市场上把她委托给一个卖大块糖的中国人。13 岁时，又做为佣人被别人领走了。她放过牛，放过猪，种过地。为了混口饭吃，拼命为别人干活。所以，她一天也没上过学，她不识字。

18 岁时，她和一位工人结婚。丈夫穷得无法娶媳妇，所以才和日本身份的她结婚了。结婚后到黑龙江省通河林业局木材加工厂工作，在中日邦交恢复时候，虽然听到了消息可是没有钱去城里。

1983 年，中国政府和她联系，告诉她以山本慈昭和尚为首的"日中携手之会"访问团要去哈尔滨，希望她去面谈。交通费和逗留费都由他们负担。她去了哈尔滨在一家饭店住三天，已集合了 40 左右的人。她向山本和尚介绍自己的情况。她只记得自己名字的日语发是，"塔卡诺米雅口"，山本表示：

"我一定把您的寻亲线索向媒体报导出去。"

高野宫子和她丈夫

不久，从日本传来消息，让她参加 1986 年 2 月份的第十批访日调查团，在访日期间她找到了住在埼玉县的哥哥和姐姐等亲属。但是她才知道了父母都已去世了，只能在父母墓前合掌默哀。

1987 年，她来日本探亲，在哥哥家住了六个月。进一步了解了日本社会，更增强了想回国定居的念头。可她哥哥不同意，说：

"你还是不要回来定居的好。"

因为她弟弟也是遗弃在中国的孤儿，1977 年，弟弟回来时，哥哥拿出 100 万多日元做为安家费，哥哥说：

"可是现在我已经岁数大了，不能象你弟弟一样，给你安家费了。"

她听了很伤心了，可又断不了回国的念头。她向访日调查时认识的一个义务支援者商量如何办好，后来在这位义务支援者的协助下，并做为"身元引受人"，才 1992 年 6 月回到了日本。

回国后，学习了一年日语，找了一个清扫工作。每小时挣 900 日元。三年后，由于右胳膊麻木，不能工作了。丈夫也因高血压无法工作，他们想申请生活保护，可政府不批准，让她们继续找活干：

"干一些轻工作！"

最终，由"身元引受人"历经五次以上的申请，才批下来。现在他和丈夫每月接受 12 万日元的生活保护费。

"我的大半辈子全是苦难。不会写，不会念。现在接受了生活保护，可哪儿也去不了。"

有很多象她这一样不识字的孤儿。他们虽然回国了，可学习日语和处理亲属关系很难。她与哥哥和弟弟也没有来往。

如果她没有认识山本的话，不知会拖迟到什么时候。如果义务支援者不给她做"身元引受人"的话，也不知什么时候会回来定居。可以说由于民间人士给孤儿们做了各方面的帮忙和和贡献,在孤儿的寻亲和办理回国手续当中起到了相当大的作用。

但是,给孤儿做"身元引受人"的义务支援者里,也不都是善良的。他们雇用孤儿到自己的公司或工厂去干活,但发给很低的工资。

住在东京都的平井恒男(64岁)就遇到了这样的"身元引受人"。

他出生在富山县,战争之前随父母住在中国间岛省图们(当时的名称)地方。一到中国时,父亲就被证兵入伍,家里只有母亲和他二人。母亲在电影馆做检票工作。1945年8月,苏联出兵进攻后,母亲带他逃难,由于没有饭吃,母子俩在中国人家里寄居下。

1947年母亲去世了,中国人把他赶了出去。之后又到一家单身汉家里,可这人的未婚妻逼迫说,要是收养了日本孩子,就不结婚。结果这个人也不要他了。又转到下一家,可这家人有了自己的孩子后又不要他了。接着又有一个人收留他几个月后,回山东老家了。他又被扔掉了。

"我一共走了四家,曾有过四位养母,三位养父。还是没人要我。"他悲哀的回顾着。在被赶出家后,没有了家,只好睡在街上,冬天零下33度,只好钻进草堆里,没有鞋穿,也没有衣服穿,脚都冻肿了,不能走路。

最后在11岁的时候,被姓方的人收养了,给他起了中国名子叫"方秀林"。养父母家只有三个女孩,

平井恒男。在家挂了孩子和孙子女的照片。

没有男孩，所以需要劳动力，不会轰他走的。他回想说：

"对我来说，这已经是不错的了。"

在养父母家，种玉米，高粱，谷子，小学念了三年。他说：

"我比《大地之子》的孤儿还苦。我没有条件上大学，只能种地。由四个养家转来转去，没有衣服，没有鞋，没有吃的。《大地之子》的养父是很善良的人。"

但他还说：

"如果没有方家，就没有现在的我。"

他一边种地一边自学。在20岁的时候结婚，21岁时，做人民公社大队里当会计后，他还继续学习。文革中，大字报曾被指名骂过：

"打倒小日本！"

不过文革以后，又恢复名誉，当过副书记，化学厂的副厂长，还当时选过图们市人民代表的常务委员。

他是在1990年2月参加访日调查，与三位舅舅见了面，并确认出他的名字叫"平井恒男"。听他们介绍说，他父亲在战后被扣留西伯利亚，然后回日本了，现在已去世了。过了二天后，堂兄找他来说

"您父亲去世后，我们把一切都安排完了。"

他不明白说的是什么意思，只能听着。当时心里就有回日本的想法，但没有说出来。竟管他在中国的职务很不错。可是一想到文化大革命受批判，被指责"日本人"时就害怕。

1990年5月，他写信求堂兄：

"哥哥，我想回国。"

"你在中国是干部，工资很高。"

意思是不同意回国。他向堂兄讲述文化大革命的遭遇，恳求亲戚理解。

但堂兄还是拒绝：

"你还是别回来。"

他知道找到亲属的孤儿，如果亲属不同意的话无法回国。当时觉得没有希望了：

"完了，我回不去了。"

他舅父这边的亲属同意他回国，但他不明白他父亲这方的亲属为什么全部反对。他和我用日语说：

"瓦卡拉纳伊。"意思是"不明白"

他没想让亲属来负担，可是亲属总说不能给经济方面的援助。一个在异国它乡生活了半个世纪的人，是很想怀念故乡，而且找到了亲属，能彼此交往，该多好啊。他以非常寂寞的神情说：

"他们是考虑父亲的遗产的吧？是怕我向他们要钱吧？我根本没有这种想法。"

有一段时间，他对回国定居灰心了，1992年他知道东京有归国者支援团体。他急忙里写信把自己无法回国的事情说了。

这个团体的成员是先回来定居的孤儿们。他们向厚生省提出给他做"身元引受人"。但厚生省表示：他是富山县人，富山县以外的人不可以做身元引受人。

同年5月，厚生省来信说："您是富山县人，回富山定居。" 富山县政府福祉部也来信表示可以给他解决身元引受人。还有引受人的姓名。他回信提出要带孩子们一起回国定居。

1992年秋，又来信说，二个月后叫他去大连与引受人见面。在大连的一家宾馆，他和女婿与一名日本男人和他带的女儿以及翻译见了面。看到了这位日本人手里拿着有关他的材料时，他非常感动。

"太关心我了！"

这位"身元引受人"有自己的公司，包括铺路，自来水安装，房子装修等业务。交给他公司的登记本的复印件。身元引受人表示：他回国后可以在他的公司上班。尽管他也知道富山县的冬天很冷，工作很辛苦，但是强烈的归国愿望不容他考虑其它条件了。

"我明天就想回日本！"

1993年5月14日，他和妻子两人回到了日本。到富山县后他提出：

"我想进定居促进中心学日语。"

可是身元引受人拒绝。

"还是马上干活吧！"

无奈他只能参加了工作。一天只挣5500日元，妻子挣5000日元。他向社长提问，为什么工资这么少，社长回答：

"你不会说日语。"

每星期天，有一位84岁的老人来教日语。因为年龄太大，看样子也很辛苦。他为了孩子们回国，不管条件多差，他还是毫无怨言的漠漠地干活。同年12月底，"身元引受人"又给他的孩子办理了手续，孩子们到日本后，也马上开始了工作。妻子，女儿，儿媳是短时工。他们一家人的工资很少，但还是省吃俭用，还在努力节约存钱。

一年过后，他的奖金只有一万日元。长了工资才只有100日元。他觉得不公平，去质问社长，可社长依然说：

"你不会日语。"

在工作中，累活，脏活，都叫他干。妻子也是如此，比如扛水管子，本来是二人一起扛管子，非叫他妻子一个人干。而那个人一旁坐着看。她妻子也觉得太不公平了！

1994年秋,在盖桥梁的工地上,他从三米高掉到地上,把腿骨折断了,住了半年院。

就这样咬紧牙关,坚持工作,省吃俭用,经过了三年,积累了100万日元。他想用这笔钱搬倒东京去住。他已和东京的孤儿朋友商量好的。

但是社长反对此事,还把县政府的担当员找了来,他说:

"我想学习日语。"

本来,早就应该来查看他的情况,但是社长是当地的有名之士。所以,不会想到有欺压孤儿的事,至到现在才来。担当员问到:

"身元引受人对您好吗?工资少不少?工作怎么样?"

他虽然受到社长的不公正,但一想到没有这位身元引受人,他回不了国。所以不想评论他的好坏了。

1996年4月,他们一家搬倒了东京。然而到了东京后,在实际生活中,依然存在着被歧视的不公平。他妻子在公共汽车公司做清扫工作。在单位被人说:

"现在日本人都找不到工作,中国人能找到工作就不错了"

妻子带的饭,同事认为:

"中国人的菜有味,到外边吃去!"

妻子一个人在外边吃。在夏天不许把菜盒放冰箱。

"中国人的饭菜有味儿。"

他感到有些日本人并不把孤儿当人看。

他一天也没有享受过生活保护待遇,也没有接受公费的日语教育,为了生存下去,咬着牙拼命干活。现在孩子们都独立,夫妻二人过日子。他在地铁干清扫工作。刚到东京的时候,他给表哥打过电话。

"我在东京住了。"

"你没有工作吧?"

"我有工作。能不能见面……"

"不想见面。"

这样没话可说了。

　　他不想说亲属的坏话,因为他知道所有问题的原因在那里。

　　由于日本政府把孤儿问题看成"个人的问题"对待,回国定居手续推给亲属办理,是是最大的原因。亲属觉得负担太重所以不想接受孤儿,最后完全拒绝不管。有可能孤儿的愿望只是想见亲属一面,想体会骨肉亲属的温暖。可是日本政府规定的政策是把孤儿回国的责任推给亲属,这样一来孤儿的回国被拖迟,而且回国以后还把孤儿和亲属的关系也切断了。亲属们不同意回国的孤儿,只能依靠"身元引受人",导致身元引受人威胁压制孤儿和使孤儿抬不起头来。最后,孤儿和引受人之间发生了身份高低和被剥削工资等现象。使得好不容易回祖国后的孤儿们陷入了新的痛苦与烦恼之中。

就籍－取得了日本国籍

　　法务省认为中国残留孤儿是"中国人"。那么回日本定居后孤儿的户籍应该怎样解决呢？日本政府是置之不理的，是那些民间义务支援者主动掀起帮助办理户籍运动的。孤儿本身是日本人找不到亲属没有户籍，帮助他们重新恢复国籍，从而得到户籍的做法叫"就籍"。※

　　当时这样做的目的，是为了受到日本政府的强制出境的孤儿能继续留在日本才想出来的方法。后来已成为未判明孤儿重新做户籍的法律手段了。

　　最早未判明孤儿恢复日本国籍是在 1978 年的。那是为了寻找母亲暂时办旅游签证来日的女孤儿，她的签证到期后政府不给她延长签证，强行让她出境。民间义务支援者，向长野家庭裁判所饭田支部提出"就籍"起诉，裁判馆根据她种牛痘时留下的痕印，及日本人穿木屐后留下的痕迹为证据，判明是日本人。批准了她的"就籍"她得到了日本户籍。

　　东京集体诉讼原告团代表的池田澄江(59 岁)在 1982 年，根据中国政府发布的孤儿证明书向东京家庭裁判所起诉就籍，结果认定了日本国籍。她是未判明孤儿，根据孤儿特性证明认定日本国籍的第一个。当时她通过自己的努力找到了父亲，当回到父亲住的北海道后发现认错了。后被政府强制出境时，她衷心希望留在日本，由于民间义务支援者和律师为她起诉胜利的取得了就籍许可。通过此例为留在中国未找到亲属的孤儿，取得日本国籍开辟了方便之门。

当日本政府还没有许可未判明孤儿回国之前，在中国他们得到了日本人的身份证明，为他们归国创造了先决条件。也就是说：孤儿申请"就籍"就是他们回国之路。

"就籍"是未判明孤儿回国定居后，取得日本国籍的普通方法。最初就籍活动的经费和其他方面都由民间支援团体来承担。樱花共同法律事务所共办理了一千几百名孤儿的就籍手续。由于政府对孤儿不问不顾，所以取得国籍的工作全面由民间来办理的。从1995年开始"就籍"费用才由国家来负担。

池田从1987年开始在这个法律事务所工作的，主要担当就籍方面的工作。到家庭裁判所来面接时的孤儿，她无报酬地帮孤儿做翻译。她说：

"对找不到亲属的孤儿来说，让他们拿到日本国籍也就名副其实的证明他是日本人了。"

她没有忘记很多人援助她，现在她帮助孤儿，认真地听取孤儿的话，给他们办理取得国籍手续。她是最了解孤儿的辛酸苦辣。

2003年4月18日，第一次口头陈诉，她叙述如下。含着眼泪，想说但几次都不能语，她的日语并不是非常好，可是给我们留下了生动难忘的印象。下面是她的陈述。

池田澄江

《我叫池田澄江在原告中排号第一号。是原告团三个代表之一。

池田澄江这个名字是我在出生时就由父母给我命名的,可是这个名字是我的第四个名字。为了寻找自己的真实姓名,我花了51年的时间。

我的母亲在日本战败时,满洲的大混乱中,背着出世不久的我,手牵着年幼的姐姐每日艰苦的避难行走。当时日本人被苏联兵看到了就抢杀,眼看着周围的孩子们一个个的饿死了,母亲为了让我活命把我送给了中国人。

中国的养父母给我取名叫"徐明"这是我最初记得我的名字。养父母是善良人把我当做他们亲生子一样培养长大成人。

但是,当我懂事时,周围的小孩常叫我"小日本鬼子",因此被欺负过。七岁时学校组织看日中战争的电影,坐在附近班级里的同学,突然指着我"打倒日本"。我吓得钻到椅子的下面,冤屈的掉下了眼泪。对我的刺激非常大,在心中打下了不可磨灭的烙印。

八岁时我的养父母清楚地告诉我是日本人。可他们说日本人并不都是坏人。听说你的父母是好人。听此话后,"我有了想见到亲生父母和寻找亲属的愿望,要知道自己真正身份的强烈想法。"

师范学校毕业后,由于成绩好做了教师。因为是日本人被分配到深山老林里,工资也是最低的,各个方面都有很多不利的障碍。

1972年,日中国交恢复时,我就给日本驻华大使馆写信联系,还询问残留在中国的日本人。不管路途多远为了寻找亲人,我也去,可是没有得到什么消息。

在1980年我36岁时,通过来访问中国的日本新闻记者,知道了我的父亲好象是在扎幌。通过书信的疏通,确认了我们的父女关系。

我高兴极了。在养父母和丈夫的许可下，变卖了家里能卖得上钱的东西，做为归国旅费，丢掉了工作，领着三个孩子回到了日本扎幌。在那里我用的是认为是自己父亲的亲女儿名字，仅仅在一起过了四个月象梦一样的快乐生活。这也是我的第二个名字。

也就在这时，详细的血液鉴定的结果使我知道了，这个人并不是我的亲生父亲。认为是"父亲"的人也一反常态，早上起来就喝酒，喝完后就耍酒疯，嘴里高声恐吓"你已不是我的女儿，赶快出去，回中国。"我当时绝望到底，好似顿时被推下了无底深渊。可是我好容易回到了日本，想留下寻找真正的亲人。就到入国管理局，拿出中国政府发给我的中国残留孤儿公证书，给他们看并跟他们说："我是日本人，我要留在日本寻找亲人。"入管的职员，板着可怕的脸，严肃带恐吓的说;"这是日本，中国政府承认你是日本人，可日本政府不承认，如在签证日期前不回中国，就要强制送还。随手把公证书抛给了我。"

看到我日思夜想的母亲祖国的政府这么冷淡，无情，如同重锤落顶。使我真诚之心深受挫伤。曾想一死了结，一夜中我写了七封遗书，当我要自尽时，回头看看睡得正香孩子们的脸；泪如泉涌，心中一颤，"我就这么死了，我的孩子又成了孤儿，旧戏重演；我不能给孩子们带来灾难，为了孩子不管怎么样我也要活下去。"

从那此后，我的事情通过新闻媒体，得到了很多人的帮助。1982年东京家庭裁判所的审判使我得到了日本户籍，被说成是："第一名未找到亲人而得到户籍的孤儿"这时，我借用了翻译的姓取名 "今村明子" 这是我的第三个名字。正因如此政府强制送还我，也成了泡影，我还能把留在中国的丈夫也请到了日本。

可是，从那以后苦也就来了，在中国虽然做过教师工作，可在这里没有什么用。为了自立，我进了职业训练学校学了一年裁剪，虽然取得了资格。毕业后，到了十几个公司去面接，因为语言的问题都被拒绝了。为了生活洗碗，扫地的临时工都干过。接受生活保护时，福祉事务所的人曾斥责我说："快点工作，别一天晃晃游游的。"我拼命得学习日语，以第一名的成绩取得了生命保险外交员的考试分数，当了正社员。还是因为语言的障碍，每天我的契约件数是零。工资是(计件工资)按契约分数得钱。可以说基本上没有工资。干什么，什么不成，怎样才能生活下去呀！不知所措。

走头无路，帮我取得户籍的律师先生，让我做他事务所的事务员，我的工作内容是帮中国残留孤儿通过裁判取得户籍。今已16年过去了，我和一千人以上的残留孤儿见过面，听他们述说自己的身世，孤儿们一致谈到日本生活的艰苦，对日本政府的冷酷无情而愤怒，苦涩的泪在流淌。

1996年，在帮访日寻亲调查团工作时，非常奇迹的与我的亲生姐姐见了面。经过血液鉴定结果99.999%没错是我的姐姐。我找到家了，高兴的心情无法形容。51年后，终于明白了真实的名字"池田澄江"！而同时悲伤。最遗憾的是，我的生母在我找到家的二年前，剩最后一口气时还在念叨着我，离开了人间。我是1981年归国，多次去厚生省求他们帮我寻找亲人，可每次都碰钉子，被拒绝。

在我母亲去世之前，一直关注着孤儿访日调查团，在报纸上查找照片和每个孤儿的身世。母亲常对姐姐说："你们能活着回来，都得感谢澄江。"所以，母亲去世后，姐姐们也没有间断寻找我。正好，在我做翻译工作时见到我的亲人。

我回日本十三年后，才找到了亲属，但当时母亲以去世了。 如果日本政府真心实意的积极努力的协助我们寻找亲人,那么我梦里看见的亲生母亲就一定会见到,想到这里无限悲伤,痛苦末及。

这样,辛酸的事,悲伤的事,痛苦的事还有很多很多。不过,我幸运的找到了亲人,有了安心的工作单位,大多数的孤儿还走在比我更悲惨的人生道路上。

2400名归国孤儿的半数,还没有判明自己的身份,就这一点他们多么痛苦。我是非常清楚的。谁都想见到自己的亲生父母兄弟姐妹,知道自己出生在什么地方,是谁。出生年月是什么时间,想知道,想明白。

孤儿在中国受了各种各样的苦,好不容易,年已老,回到了自己思念的祖国,因不会日本语,找不到工作不能投入日本社会中,简直就是把我们当成蝼蚁之辈,微不足道的人,草管人命。在中国说我们是日本人,回到了日本又说我们是中国人。我们每一个人的心中都深受到严重的创伤。我们在中国努力拼命的工作了。对此并没有给与任何评价,仅仅的年金,使我们对老后的不安不可计量。为什么我们自己热爱的祖国政府,对我们这些日本人,这么冷末无情啊!

二年前,孤儿们为了老后生活保障的问题,向国会提出请愿书的署名活动,无论是刮风下雨天都站在街头,集聚了10万人的署名,向国会提交去了。孤儿们相信国会会接受我们发至肺腑的切实请愿声音。

而2001年8月15日,400人孤儿在日比谷公园集合时,听说我们的请愿国会没有当成事来办并未审议,以不采纳而结局。听到这消息,孤儿们愤怒,绝望达到了顶点。在这时不知谁说了声"告上法庭!"那年春天,麻疯病原患者,针对国家政府的审判,官司打赢了。由此国家的政策大有改变。我们聚集了10万人的签名,国会也不理睬,想让国家政策从根本上改变只有审判，只有告上法院 孤儿们找到了一条正确的路。

在这一天，要想裁判的原告希望者有好多。为寻找代理我们说话的律师花费了好大的力气。直到找到第 16 名律师才算接受了我们的委托。那时要参加原告团的人以近 600 名了。诸位裁判官，孤儿们只有裁判了。去年 12 月 20 日我们 637 人提诉成立后，全国各地希望参加原告的纷纷在陆续增加。我们在期待着，我们所有的希望都寄托在审判上了。

因为战争我们这些年幼的孩子留在了中国，长时间归回不了自己的祖国，是我们的责任吗?不会说日本话是我们智力低劣吗?请通过审判让日本政府承认他们的责任。让这些从苦难深渊中过来的孤儿，在我们有限之年，至少让我们老后在自己的祖国里过上一个象普通日本人一样的生活，请给我们创造一个生存的出路吧！请接受我们的心意。

以上是我强烈的请求，我的意见陈述到此结束。》

"就籍"是为了未判明孤儿考虑的方法，即使判明身份的孤儿后由于亲属反对回国定居，户籍也不能得到恢复的情况下，也采用"就籍"这个方法来解决他们的国籍。

住在横滨的村山幸七（57 岁）是参加 1990 年访日调查的孤儿。出生不久就被养父母收养了，养父母虽然

村山幸七和他妻子。给作者包饺子吃。

家境不好，但却把他当成亲生孩子一样对待。他一直不知道自己是日本人。1984年养父去世，1989年养母去世后老邻居才告诉他是日本人。

  他中国名叫"殷长林"。

访日期间有人指名要与他见面进行调查。他把当时和父母离别的地点，具体情况和年龄等自己所知道的事情都讲了，对方也核实了当时的情况和他们的长相，确认了他们的亲属关系。他的母亲已80多岁，还有姐姐哥哥，与此他也知道了自己的日本名叫"村山幸七"。

  1942年，他父亲在军队做后勤工作，当年带妻子和孩子一同去了中国。后来在1945年7月份又被征兵入伍了。苏军进攻后，他一家避难到间岛省延吉市的收容所。祖母和二岁的四妹去世后，在1945年12月份母亲生了他，可无法扶养，在第二年的1946年1月，通过一个日本妇女委托一对刚刚死去出生不久孩子的中国夫妻收养了他。此后母亲和姐姐哥哥回日本了，父亲先被扣留在西伯利亚，然后又回到日本。在1953年去世了。

  他访日寻亲之间，分别在大哥，二哥家各住了一天，然后归回到中国。1992年，两个哥哥夫妻们去中国看望了他。他本想回来定居，可是又不想给亲属找麻烦。据政府的制度，改为亲属不同意也可以回国定居，他不想通过亲属自己办理回国手续，后来，厚生省通知了他大哥转告他要回国的消息，他大哥做了他的身元引受人。终于在1997年2月，他和妻子利用公费回国定居了。住进所泽市中国定居促进中心学四个月日语后，在横滨定居。同年七月份开始泥瓦匠的工作。

  孤儿从中国回来定居的时候首先用中国护照入境，然后未判明孤儿要改国籍的话，向家庭裁判所提出申述就籍。所泽定居中心的人员和他说过：

"您是判明孤儿，不用办理就籍手续。"
后来在横滨定居后他才发现自己没有户籍。原来日本战败时，母亲没给他报出生，所以没有户籍。但现在也可以补办，亲属办理的话立刻有户籍。可是母亲和家属们不想给他办理。

他通过律师事务所与亲属联系，但没有回音。听说他母亲又否定了当时访日调查时承认的亲属关系。厚生省也无动于衷，没有对他做任何帮助。

如果他没有日本国籍的话，孩子们就不能来日本。他为了三个女儿和她们的家属来日本定居之事焦急万分。他向亲属们要求血液验证来证明亲属关系，可被她们拒绝了。

关于这件事情，大哥向母亲劝说，也到地方政府去询问还是找不出解决的办法。最后经过律师的帮忙按照父母不明的情况来办理了就籍手续，

1998年2月，他才拿到了日本国籍。

第二年他把孩子们叫回来。现在孩子们都住在附近的县营住宅。他对母亲改变主意的事不愿多讲。

"我当然想见到母亲，想和母亲说话。可是大哥说你不要去。"
好象母亲去世了，但详情不知道。大哥为了和弟弟交谈自己在学习中文。还在许多方面帮他忙。二哥也是一样关心他。他体会到两个亲哥哥的骨肉亲属感情。他大哥说：

"母亲身边有弟弟们。幸七刚刚出生十天就寄托给别人了。她好象和幸七没有感情了，可是，幸七是家长把他抛弃的，与他本人有什么责任呢？……我比他大17岁，我就以父亲的责任，来承担起对他的爱护吧。"

我们现在谁也不知道母亲想的是什么。只能说战后寻亲的时间拖的太长，造成了母子之间感情的分裂。可他却自欣自慰的说：
　　"我能够得到日本国籍也就满足了。"

※就籍……无法找到日本亲人和身份不明的孤儿们,作为日本人须要重新办理户籍登记手续。原来虽然是日本人,由于父母不详,原有的户籍查找不到。要成为日本人就要重新再作新的户籍。向家庭裁判所提起诉讼,家庭裁判所的许可结果,被承认后,才可以上新的户籍。

被迫自立，年金无几

残留孤儿是从小时就被遗留在中国的，在中国的社会环境里长大成人的。虽然是日本血统但是从语言，文化，习惯上来看还是中国方式的。他们回到日本定居，虽然日本是他们的祖国，但实际上跟到外国一样，必须要有系统的援助。但是，政府对待孤儿的接受方面和办理回国定居方面都没有系统的对策，只有发生问题的时候才临时解决，以对症疗法的方法来应付。

当初，只有判明的孤儿能用公费回来定居。之后，由日本的亲属来负担。认定亲属的时候已相隔了几十年见面后互相感动流泪，虽然高兴但由于语言的不通和文化，习惯的不同等问题给孤儿家庭带来了困难。当时政府对于孤儿的日语教育也没有什么援助措施。

从1977年政府才开始，把学日语的课本，录音机和磁带发给孤儿。可是自学是很困难的，而且对那些不识字的孤儿就更困难了。公费回国的孤儿，在中国归国者定居促进中心学习四个月简单的会话和一些生活习惯等。这个中国归国者定居促进中心是在1984后，在所泽建立的第一个中心，不过没有通过厚生省进行的访日调查自己找到亲属的孤儿没有资格进这个中心。

在中心的学习时间只有四个月，所以也只能说几句问候语。从中心毕业后，各自到亲属或者身元引受人的附近去定居。之后孤儿才可以进东京，大阪，名古屋，京都，横滨等全国共有 15 个自立研修中心，再去学八个月日语，在这八个月里可以接受生活保护费。这个制度在 1988 年才有的。当然住的地方要是离中心远的话就去不了。

　　在定居促进中心和自立促进中心由政府和地方政府的人员去做指导。有一年左右后，孤儿们再去找工作，经济自立后生活保护也就被取消。另外公费回国的范围限定于孤儿本人，配偶，养父母和未满 20 岁的独身子女。（在特殊情况下，偶尔有 20 岁以上的孩子），从 90 年代以后，大部分孤儿都不能把孩子带回来。孤儿本人回来后，再把子女叫回来，为了子女的回国旅费需要钱。可是接受生活保护费就不允许有剩余钱额，如果这个月有剩钱贮存起来的话，下个月就要从保护费里被扣除掉。孤儿为了把孩子叫回来不顾语言的不通，拼命地干活。

　　结果，到现在大部分孤儿的日语还是不太好。我采访孤儿已经快十五年了，但是能说好的日语孤儿非常少。在 1970 年代回国定居的孤儿也是内容复杂的话说的不好。

　　日本政府对孤儿要求的"自立"是经济方面的自立，经济方面虽然自立了，但并不管别的方面是否也自立。政府催促孤儿尽快早日开始工作。

　　可是，连基本会话都没学好的孤儿找到的工作，大部分都是工资很低或是短时工，而且条件也很不塌实。公司一不景气就首先被解雇。好不容易到了退休年龄但由于工龄短，早期

野板祥三

回国的孤儿也才只不过有十几年，晚回国的只有几年，都不可能维持退休后的生活保障。看到孤儿的情况，政府说：

"没有生活费的话，吃生活保护费就可以吧。"

可是孤儿们都记得政府的担当员和生活指导员都说过："生活保护费是国民的血汗钱，尽量不要靠吃生活保护费早点自立。"所以孤儿们不愿意接受生活保护。孤儿都有接受生活保护的权利，可是限制太多没有自由，这都是孤儿们的亲身体验。

"我早自立了又有什么意思？我当时不想接受生活保护，无可奈何地找了工作。到现在还是接受生活保护费，为什么？"

可是对孤儿来说现在只有靠生活保护过日子。目前接受生活保护费的孤儿，已占全孤儿的70%左右，这样来看，以后年年还会增加的。

野板祥三(63岁)参加了1992年的访日调查，但是找不到亲属。后来，1994年2月，他和比他大二岁的妻子一起回国定居了。他的四个女儿和一个男孩子都成家了不能办公费回国。

他先进入埼玉县所泽市的中国归国者定居促进中心学习日语和日本的生活习惯。四个月后到身元引受人住的横滨市的市营住宅定居。接受一个月13万日元的生活保护费，到自立研修中心走读日语。不到八个月的时间里中心的工作人员给他找了工作，1995年2月份开始工作。

公司是做楼房的空调厂。他不会日语所以，经过二个星期的试尝后，才被录取。

上班须坐公共汽车和电车要二个小时。每天早上六点出发，如有加班时，晚十点多钟才能回来。开始因为不会日语不知所措，幸好他在中国做过工厂里的检查员，能看设计图，理解的很快。开始的时候没人理他，但过了一年以后，看不起他的人一个也没有了。

他拼命地干活。有一次在工厂里，一根铁柱子向他倒了下来，他的头盖骨被撞裂了，他住了一个星期的医院又在出院的二天后，上班去了。还有一次直径50公寸厚度约5至6公寸的铁盘子砸在了脚上，他只休息一天就穿着凉鞋上班去了。

扣税后的工资有12万日元，后来提薪到17万日元。妻子也在做裁缝的临时工一个月有5万至6万日元的收入。他们为把孩子们叫回来，从这些收入里一点一点的存钱。他说：

"政府说你不工作的话不能把孩子叫回来，所以我工作了。"

存的钱都花在孩子们的旅费和生活用品上了。在1995年先把大女儿一家，二女儿一家，大儿子一家和三女儿一家先后办来了，最后在1997年四女儿一家也都回来了。孩子们回来后，先在他家住几个月，这之间找工作存钱，把存的钱用在外边找房子自立上。"

他在2002年3月份退休。先接受失业保险后，开始接受生活保护。他的工龄只不到七年，所以厚生年金一个月只有一万多日元，从65岁开始的国民年金也只有三万日元左右，两个年金和起来也只有四万日元。夫妇两个人生活不下去，只能接受生活保护费。

"不愿意也没办法。"

孩子们没有条件受到公费的日语教育，干铺路工作维持生活。

"每个孩子都有两个孩子。维持四口人的生活费很吃力气。没有条件抚养父母。"

"日本政府对外国的困难户和受灾害的地区经常进行援助。竟援助外国，但对孤儿就没有什么具体的措施吗？应该保证自己国民的退休后的生活。我们从被抛弃在中国，被迫干活，受人欺负，忍气吞声活下来的。回日本后，因为不会语言有很多苦难。政府领导没有考虑过孤儿的事吗？"

政府的政策，基本上只有未满 20 岁而单身孩子可以随孤儿父母一起回来定居，后来在 1995 年政府把规定放宽了。战后过了 50 年随着时间的过去孤儿的子女也已长大，几乎没有人适合这样的条件能和父母一起回来。从 1995 年开始 60 岁以上的孤儿不管 20 几岁，结婚与没结婚都可以任选一个子女一家用公费回来。从 1997 年开始 55 岁以上的孤儿也是为如此。可他回来时还没有实施这样的政策。只有岁数大的夫妇两个人回国。

而且政府虽然允许带孩子回来，但是强迫孩子接受扶养父母之责任，政府说：

"回日本后，必须扶养父母。"

不少孤儿回国之前被强迫答应此事，还有的孤儿给政府签写过誓约书。可回国后，孤儿的子女不可能挣出能够扶养父母的收入。父母岁数又大不能经济自立所以需要生活保护，这样为了父母接受生活保护费，有收入的孩子只能分居另住。虽然想一起住，但不得不分居的家庭也很多。

住在东京都的岸川四郎 (61 岁) 是自己找到亲属的。没有通过政府的调查所以没有进过中国归国者定居促进中心，为了脱离生活保护定居后，马上开始工作。可是日语不好在公司被人欺负。

战败时候他刚三岁，一点也没有记得自己是日本人。

在黑龙江省通河县的家中,有做豆腐的养母和比他大 14 岁的养姐。

他一直以为养母就是亲生母亲。他从小帮养母用石磨磨豆。穷得一天都没有上过学，鞋也没有穿过，当时什么都吃，当然没有吃过大米。人民公社成立后去公社种地。那时光着脚进结冰的田地里进行播种。在冬天气温零下40度的时候只穿着破胶鞋。

岸川四郎和他妻子

  还有到炼铁厂做烧煤工作，打建筑临时工。在1960年养母去世时，他开始在邮局做赶马车的工作，是把行李搬到火车站的工作。这时他自学了识字，后娶了媳妇，工作很努力。

  文革开始，他还不知道自己的身份努力的工作，由于工作成绩好，想申请入党时通过身份调查以后被叫去说：

  "你是日本人所以不能入党。"

他傻了，不能相信，

  "我怎么是日本人呢？"

他问了比他大十四岁的姐姐，姐姐也不告诉他。他工作的邮局属于是军队管辖的保秘机关，所以过了不久又被调到农业机器厂去做熔接工作。

  1972年，中日邦交恢复，由于消息不通自己不知应该怎么办。他曾想过自己亲属在哪里？但是没有线索根本没有办法去找。

  四年后，曾住在他家附近，原开拓团的邻居的残留日本妇人返回了日本故乡的佐贺县。他原来认识这位残留妇人，但不知是日本人。残留妇人知道"王长贵"是"岸川四郎"，但没有告诉他，回国后先告诉佐贺县的他二哥：

"您弟弟在中国还活着。"

她把哥哥的照片拿回来，告诉他详细的情况。

原来他家九口人，在1942年3月份做为开拓团员从佐贺县到了中国三江省通河县（当时的名称）。他家有四个哥哥二个姐姐，他是最小。父亲征兵入伍后，苏军进攻，避难当中母亲和哥哥姐姐去世，最后二哥和三哥把三岁的他委托给中国人。

他听了感动地眼泪不止。

日本的两个哥哥给他办手续，在1979年9月，他到佐贺县探亲回国，在老家住了半年。虽然语言不通可是很高兴能见到长得象自己的亲哥哥。哥哥会一点中文开始说：

"回来定居吧。"

可后来就不说了。他也想过由于不会日语回国后会给哥哥添麻烦的。心里想回国可是不好意思说。他跟着哥哥做过建筑工，最后还是回中国。

后来给哥哥写过二，三封信。不过写信的话要跑很远的地方找翻译来写，不能经常写信。回信也只有住在东京的三哥来过一封。他认为这下子不能回国定居了。

1987年，那位残留妇人要回国定居。他把三哥的地址等告诉她。托她回国后向他三哥介绍他中国的情况，如何办理孤儿回国定居的手续方法，定居后的生活情况等等。三哥知道孤儿回国后能进住公家房子，后答应给他做身元引受人。终于他的愿望实现了。

1989年9月1日，他带妻子和三个孩子用公费回国进住了"常盤寮"学日语。"常盤寮"是为了找到亲属的孤儿设立的宿舍，在这里学了半年后搬到了板桥区的都营住宅自立了。

他在装订厂工作,妻子在做楼房清扫工作。妻子的工资是一个小时850日元,所以去做二个工作,二个人每月收入是19万日元。孩子们也在制造烟盒厂和包装厂工作。

工作很苦。是一个20几个职工在一起干活的装订厂,他不会说日语,同事拿他当中国人。工作的时候由于他听不懂被同事说:

"巴嘎!巴嘎!"

意思是浑蛋。同事们都很不客气骂他。他常干人家不愿意做的活,在车间出什么毛病都以为是他的错误,他也不知如何用日语反驳为好。

妻子李玉春(58岁)说:

"当时丈夫很烦恼,不爱说话,没有怎么发过脾气但是心情总是很郁闷的。"

下班回来后常常是连饭也不吃就进被窝睡觉。

"为了生活,我都要忍耐。"

公司对他说:

"由于你不会日语不能给提高工资。"

结果在三年之间,没有提过薪。过了四年后工作习惯了,工资也有了提高。2002年1月,到了60岁退休后,再被聘用做为合同社员工作。因为他的厚生年金只有四万日元,生活不了。可到2003年4月份腰疼不能去工作,现在用妻子打短时工的四万日元加上几十万日元的退休金来生活。

2002年3月,他考虑退休后的生活,用拼命储存起来的心血汗钱补交了国民年金的保险费200万日元。不过65岁以后,能收到的国民年金的全额为六万六千日元,加上厚生年金一共十万日元左右。可是房费一个月就要四万日元，他很担心夫妇两个人能不能生活下去。三个孩子都已成家，只能去维持他们自己的家庭。

"不想给哥哥添麻烦。可是生活保护又很紧的，希望政府保障我们的退休后的生活。"

他妻子说：

"我们没有过份要求。能维持老后的生活就可以了。日本首相每年都到靖国神社去追悼安慰战争军人之灵魂。残留孤儿的父母兄弟也在中国去世了。对这个事情怎么想的？还有竟想追悼死去的军人，怎么一点也不考虑考虑我们活着的人。"

他还悲叹地说：

"希望日本国民能理解我们在中国忍受过了各种辛酸苦难而活下来的孤儿。没有体验过那种生活的话，是不可能理解的，但是我们并不是自愿的留在中国的。原因是战争。"

尽管很苦，但内心仍有一丝欣慰：

"现在我和妻子在散步时，吃饭时都觉得很有乐趣。我最高兴的是我现在能在日本生活，希望老后过安定的日子。"

政府能够接受他这小小的愿望吗？

为了生活，不管会不会日语，忍受着欺辱一直工作过来的孤儿，大部分已到了退休年龄。早回来的孤儿也只有十几年的工龄，所以能拿到的厚生年金只有三万到五万日元。

1994年，以议员立法，"中国残留

相本禮

邦人等归国促进,自立支援法"没交纳国民年金保险费,也能收到全额的1/3,但只有二万二千日元左右。

政府对孤儿的年金有这样的发言:

"从国民年金制度开始的1961年到孤儿回国之间,认为在免交纳期间,由政府来承担来支付年金全额的三分之一。这是政府已做出了最大的限度,不能再超过于此。"

要拿到全额的话,须向岸川一样补交未交纳期间的保险费,应从1961年开始按照一个月6000日元来补交。原告人之一,相本禮(65岁),计算了补交未交纳额是至少有一百几十万日元,最多的话288万日元,他说:

"国民年金保险费,开始时只有100日元,然而,孤儿们要补交的却是6000日元,是当时的六十倍啊!计算补交未交纳额怎么能这么多。我发现再补交未交纳额里,包括三十五年的年息5.5%。回国后的孤儿已不年轻,政府不但让我们从零开始交,还让我们付高利息,我不能理解。"

如果,补交也只能拿到一个月66000日元,维持夫妇两个人的生活是很困难的。

"生活保护制度"侵犯人的尊严

2002年12月,向东京地方法院起诉的诉讼团的浪潮,发展到全国。在全国发生了同样对政府要求损失赔偿的诉讼团。到2003年底为止,在日本定居的孤儿已有2500人左右,在这些人当中有60%已成为原告。让孤儿诉讼的主要动机是,针对政府的看法是:

"孤儿老后吃生活保护就可以。"

生活保护应该是人的权利,但如果接受的话,限制很多,孤儿刚回来,就都体会到了这个限制。孤儿认为:

"生活保护是侵犯人的尊严!"

实际上,接受生活保护是怎么一回事呢?

参加1983年的访日调查找到了亲属的现住东京都足立区的南岛姬势子(64岁)。她是在1988年2月,带丈夫(68岁)和三个儿子偕同养母六口人用公费回来定居的。先在中国归国者定居中心,后从1988年六月份开始住在都营住宅。

丈夫从1989年3月份开始工作,她是从四月份开始进训练学校。经济自立后辞掉了生活保护,在中国做美术教师的丈夫在隔扇制造厂做隔扇绘画的工作,到60岁时退休了。她是做楼房清扫工作,到1999年12月份退休。当时她请求公司还要继续做几年工作,想做到65岁为止，结果只让做一周工作三天，一天二个小时的短时工，由于工资太少，到上班地点，需要三个小时。结果只做到了 2000 年 2 月份辞职。

夫妇再想找工作，可岁数大了又不会说日语，最后连临时工都没有。

她的厚生年金有 3 万 8 千日元，丈夫有 3 万 2 千日元，和起来只有 7 万 1 千日元，生活不下去。她到了 65 岁后有一个人每月 2 万 2 千日元的国民年金，但丈夫没有，夫妇的基本生活需要 10 万日元左右。维持生活是很困难。

2001 年春，"失业保险"到期了，她申请了生活保护，政府问道：

"家里有汽车，摩托车，电脑吗？"

"连自行车都没有。"

"你加入了生命保险，所以不能接受生活保护，要生活保护，就得把保险给解约。"

生活保护制度是要求把自己的所有的财产处理掉，把存款花完了才能接受生活保护费。

"和我交的保险费有什么关系，为了交保险费，旅游也不去，平时节约省下钱。"

她加入了 600 万日元的保险，每月的保险费要交纳 3 万 1 千日元。保险内容包括，住院时一天给 5 千日元的医疗保险，她考虑到将来的生活，才加入的，把退休金也添进了保险费。

可是不解约不行。无可奈何的办理解约只拿到了 200 万日元。

2000 年底，她用这笔钱和丈夫一

南岛姬势子和她丈夫，孙女。

起为悼念养母的一周年忌辰回了中国，还给了养父母家的弟弟垫付的坟墓钱。在中国住了一个多月。她不想省钱了，买了新冰箱，煤气炉子，修理淋浴等。以后接受生活保护的话，什么也买不了。她说：

"我赌气把钱全花掉了。"

钱花完了，在2002年3月她申请了生活保护，她现在接受71000日元的厚生年金，所以她不能拿到生活保护120000日元的全额，只能拿到从12万日元里扣除71000日元的金额，余额的49000日元加上71000日元的年金，再加上20000日元的房费，一个月一共能拿到140000日元。福祉所的负责人到她家来说：

"不许回中国了。"

如果去中国的话，去中国期间不支付给生活费。负责人还说

"我会检查你的护照。"

负责人突然到家来，看不见丈夫的话就问：

"你丈夫到那里去了？"

"总是被监视着，很不自由。回国后我努力工作可是到了现在年金不够吃，孩子们也不容易，抚养不了父母。本来想老后能以保险金的收入来弥补生活费的保险，现已被迫解约了，我们好象没有人的尊严似的。日本虽没有象中国那样搞社会运动，但是在这里没有做人的自由。觉得难受，估计以后我去不了中国。"

在中国有恩人养父母的坟墓，丈夫的亲属也有。对孤儿来说去中国不是旅游，是回家探亲。可是接受生活保护的话，不能随便出去。

住在横滨的有贺喜美子(58岁)是养父母去世时，才知道自己是日本人。参加访日调查是1997年。找不到亲属的她，在二年后的1999

年,和丈夫(59岁)一起回国了。在中国归国者定居中心和自立研修中心学了一年日语后,去职业安定所找工作。

由于日语不好,而且日本的经济不景气,岁数也大,夫妇俩都没找不到工作。没办法申请生活保护,可福祉事务所的担当员说:

"吃生活保护的话,客人不许在你家里住。"

"国内,国外都不许去旅游。"

她这样想道,

"我知道他们的工作是管我们。可是好象我犯了什么罪似的。"

2000年,她养父母家的哥哥去世了。哥哥和她是象亲哥妹一样好,可担当员说:

"你现在接受生活保护,不许去中国,要去的话就要在生活保护费里扣除你不在日本那段时间的生活费。"

结果她没去成。

"没有钱去不了,在中国,被人说我忘了恩情。原来跟我很好的侄子也不跟我来往了。"

她介绍另一个孤儿的事。有一位接受生活保护的孤儿遇到了交通事故切断了一支胳膊,得到了300万日元的赔偿金,后来福祉所要求把这钱还给政府。

"日本政府让我们孤儿回到祖国后,就什么都不管了。"

她丈夫也说:

"政府强调说孤儿在日本没有工龄。可是孤儿是被抛弃在中国的,不是自愿

有贺喜美子和她丈夫

留在中国的。当时日本军人和那些当官的不管有多少孤儿还留在中国,自己先跑回日本了。现在政府的说法好象是把这些责任推到了孤儿的身上。我们想要年金或者别的制度和不要有管制的生活费,不要那些很多限制的生活保护费。民间的义务支援者对我们很好,感谢他们,可是我不愿意接受生活保护。"

夫妇异口同声的表示:

"我们打官司要求3千300万日元的赔款,可是最想得到的是年金似的每月的生活保证制度。我们不是要钱的,我们要的是有人权和自由的日子。"

她时时担心丈夫。当时她把想回国的愿望告诉丈夫时,丈夫说:

"夫妻应该在一起!"

就这样一起回国,可是婆婆还在中国,丈夫想念中国的父母心情不愉快。她感到有点对不起他对丈夫说:

"扣钱也没关系,你回中国看看吧。"

她离开坐席时,她丈夫和我说:

"我很惦着父母,偶尔也想过,不应该来日本。"

孤儿们都深刻地感觉到:

"生活保护让我们委屈。"

1997年,和中国丈夫(60岁)一起回国定居,住在东京都墨田区的小野春子(63岁)也是一样。

她们回国后接受了一个月14万日元的生活保护费。她本人身体不好不能工作,但丈夫没问题,所以区政府再三督促自立。丈夫好不容易找到了洗衣厂的工作。

可是丈夫在厂子里被热轮子夹住胳膊受了伤，动手术从肘关节以下给断肢了。事故以后丈夫只能用嘴剥橘子的皮，然后整个嚼着吃。背后痒痒，他够不着便向她发脾气。她只能哭着道歉：

"对不起！"

她责备自己说：

"在中国丈夫是做医生的生活很好，我把他带回来，是我给他毁了。"

丈夫的胳膊疼得利害。不好弄人工胳膊。由于在语言交流不通丈夫希望回中国治疗，考虑丈夫的心情她也不能反对。

可是区政府说，接受生活保护，受到的灾害赔偿，残疾年金和劳灾年金都应还给政府。区政府的负责人总是说：

"你们现在用政府公费生活，不管什么收入都必须还给政府。"

如果回中国的话还应扣除生活费。她说让丈夫回中国治疗，做为治疗费需要残疾年金和劳灾年金。担当员回答：

"你们只能吃一个，吃生活费不能回中国治疗，吃劳灾一切保护自付。那么你们离婚吧。"

"我们不知怎么办好。"

最后她办了离婚手续。丈夫的地址转到儿子家。

丈夫接受残疾年金，她接受自己一个人的生活保护，加上租房在内每月9万日元左右，担当员突然到她家来检查时，如果发现她丈夫在家会说到：

"你不是离婚了吗，为什么他在这里？"

2000年秋，丈夫去中国看病时，她也想去，

小野春子，在学习日语。

买了飞机票后，向区政府说了情况，担当员说：

"从今天起就没有生活保护了。"

结果没有去成。如果生活保护断了，自己不会日语恐怕再也办不了手续。

她想起，当时到机场送丈夫时，忍不住眼泪。丈夫把治疗用的钱放在腰包里系在腰上，后在通过安全检查时，费了好大力气才把它拆下来，通过检查后，还得要系上，看到丈夫那汗淋夹背吃力的样子她在外边真是无能为力。

可她只能靠接受生活保护，没有别的路子。

现在丈夫一年的大部分在中国。她去三个日语教室学习，晚上还去夜校。

"我一个人寂寞。日语虽学不好，可是在学校还能见到朋友。"
她说打官司的目的就是想得到自由。

"我没有期待着3千3百万日元。不管金额多少我要行动自由的老后生活保证，不要生活保护。如果实现的话我立刻办结婚手续再和丈夫一起住。"

生活保护制度不适应残留孤儿定居后的生活保证和老后生活保证。以前在管理生活保护的地区福祉所的工作人员也这样说过，可是一直没有改变。不管有年金的人，或是拼命节约存钱的人，还是追纳国民年金保险费的人，在拿生活保护时，每个月拿到的生活费是一样的。越努力工作的孤儿越觉得不公平。如果，有无限制的生活费，加上自己的年金或者存款。得到这笔生活费之外，还可以随时打工。不是象现在一样的生活保护，希望无限制的生活保护。支给北朝鲜绑架被害者的钱不是用生活保护的形式。所以支给残留孤儿生活保护也是不适当的。

1995年，回国定居住在东京的多田樱子(64岁)也说：
"生活保护是在污辱我们。"
刚回国时，被生活指导员说过几次：
"生活保护费是国民交纳的税金，国民的血汗钱。"
她在心里叫喊：
"我不是要生活保护费才回祖国来的。"学了一年日语后，经朋友介绍，马上找到了中国研修生宿舍的管理工作。夫妇一起做住宿管理工作，可不到二年公司倒闭了。因年龄大在没找到工作。没办法开始接受生活保护。"有很多次被人家说过那是国民血汗钱。到现在还吃生活保护我也觉得很委屈也很无奈。""我不是有偏见可觉得政府拿我们当负担似的。残留孤儿对国家来讲是空前决后的事，对这批孤儿的老后生活问题国家要有特殊政策，要有单独的方法不要生活保护的方法支给生活费。孤儿没能交国民，厚生年金是因为被遗弃在中国，没有条件交纳，和从小就生活在日本长成人之后交纳国民，厚生年金的日本国民不一样。他们有条件交与未交是个人问题。同样是生活保护，但性质不同。生活费的金额和现在一样也可以，能不能用别的制度支给我们生活费。让我们能够感觉到政府欢迎孤儿回国并感到温暖，希望不要用污辱的方法。感到悲伤象哭一样的过日子，我们为什么回祖国来的？因为日本是我们的祖国。另外我们孤儿都是由中国的养父母抚养长大的。现在尚有养父母的孤儿想去中国探望，和养父母已去世的孤儿，每年去中国给养父母扫墓也是人之常情。

可是去中国在福祉上就扣生活费，这是不人道的，这个问题政府要有明确的认识并尽快改进。"

她对政府对孤儿的孩子们的政策也有要求。她参加1993年的访日调查后在中国的时候，请民间义务支援者办了就籍取得日本国籍。可是从这以后问题发生了。孤儿第二代取得日本国籍的时，存在男女差异。

多田樱子和她丈夫

找不到亲属的孤儿都通过就籍取得日本国籍。这时男孤儿的孩子们出生登记后，可以取得日本国籍，但是女孤儿的孩子就不这么简单。因为原先的日本国籍法是孩子如办理日本国籍的话，必须父亲是日本人，母亲是外国人，父亲是日本人的话孩子能取得日本国籍。这是法律的父方优先之作法。后来在1984年法律改为日本母亲生的孩子也可以取得日本国籍。同时规定从1965年到1984年日本母亲出生的孩子，从1985年后3年之内登记出生的话可以取得日本国籍，如果本人遇到自然灾害和其他正当的理由耽误了登记，过了三年的话，就算是特殊情况，可以延长三个月，在这三个月内可以登记得到国籍。

可是她的二个儿子都出生在1965年以前，不包括在内。如果出生在1965年以后的话，应适合于国籍法的"遇到自然灾害和其他正当理由来耽误了登记"的这一条，孤儿本人就籍后在三个月之内登记孩子的出生，孩子也可以取得日本国籍了。但是实际上很多孤儿不知道这个法律的特殊规定，孩子们为了得到国籍办理归化手续。这样女孤儿觉得太不公平。

提出出生报名不能取得日本国籍，只有归化才能取得国籍。可是归化的条件和调查很严格，比如办归化，全家都得办。她的儿子就业的时候，由于没有国籍只有"日本人的配偶者等"的在留资格所以有很多机会都没有被录取。她想到如果提出出生报名就能够取得日本国籍才合理。

到现在儿子们对国籍问题也无所谓了。

"孩子们说有永住权就行。有了国籍也做不到日本人。妈，您是日本人，可谁都拿您当外国人吧。"

"日本政府承认我们孤儿，接受孤儿家属，那么把孤儿二代和普通中国人一样对待是不对的。"

有关孤儿家属的在留资格等问题。取得不了日本国籍或者没有办理日本国籍的人，万一发生交通事故或者犯盗窃罪的话，会被判处超过一年徒刑，抵罪后还会被强制驱除出境。出入国管理法和难民认定法第24条有规定。被判处超过一年徒刑的外国人是强制出境的对象。虽然是孤儿的二代三代，都和一般的外国人一样很严厉地对待。

在日韩国人和朝鲜人，由于在1991年签定的日韩法的地位协定里制定了出入国管理特例法来限定"迫害日本国的重大利益"的时候强制出境，实际上没有实行强制出境。

孤儿二代三代如犯罪，应该严格追究犯罪责任，犯了罪的话本人也应该认真地赎罪。后来义务支援者说：

"起码保证孤儿全家一起定居在日本。他们抱有很多困难，偶尔发生问题。可是政府应给他们保证解决问题的时间才对吧。"

从国籍问题和在留资格问题就能了解到国家政策是明显的缺少"家属"的观点。

她担心孩子们对日本的印象不好。她认为日本是自己的祖国，所以，孩子们对日本发泄不满的时候，她很伤心。

她最后讲了参加打官司的目的。

"我们已年过60岁了。不知还能活多长时间。政府是支援了我们，但这种支援能够让我们感觉到回祖国的温暖，让我们的心里得到安慰我就满足了。对我们来说一年一年很重要。给我们一点光明吧。一部分人以为我们为了钱才打官司。我们绝对不是。我们是在争取人权问题。我们要活的有尊严，要活的有自由。生活保护是政府提出的。那么政府应该把同样的钱用在更有益于人权意义的名目上来支付给我们吧。"

敷衍应付的国家对策

　　从1945年8月15日的战败后到现在快过了59年。当时的孤儿们现在都已到了晚年。到2003年底在中国还有100多人提出自己是日本孤儿，要求确认调查。厚生劳动省打算在2004年内结束对这些人的认定调查。到现在为止厚生劳动省认定孤儿的人数大概共计2千800人。并不是很大的数据。那么解决问题怎么需要这么长时间呢。最后再重新回顾一下国家都是用了什么样的政策来进行的。

　　可以说政府对于残留孤儿的基本方针没有探讨研究过。国家的政策把国民被做为开拓团派遣到中国去的，战后政府又决定了"让当地的日本人定居在当地的方针"把开拓团员遗弃在中国。战后第一次开始日本人返回活动是在1946年5月份。从1946年5月份到1948年之间有104万人左右的日本人从满洲返回日本。后来由于中华人民共和国成立后断了邦交关系，返回活动也由此中断。

　　后来从1953年到1958年，在红十字等民间团体的帮助下，再开始做返回活动，但是返回的日本人数只有3万人。

　　从此以后敌视中国的政策占据上风，残留孤儿们被置之不管了。在1958年政府实行了普调，这普查只不过是以简单的通信调查，但是结果得知确认被遗弃在中国有2万1000多的日本人。可是在第二年的1959年制定的有关未归还者的特别措置法，不顾还有不少生存者，政府却宣告孤儿们的战时死亡，消除户籍，政府用法律杀死了1万3500人。

好象残留孤儿根本不存在，政府就那么放下不管了。

中日邦交恢复的1972年以后，残留孤儿问题重新开始活动。但着手的不是政府，是那些在战后从中国回来的人们"引扬者"※。他们都把自己的孩子，弟弟，妹妹放在中国。邦交恢复后可以到中国去了，他们自费到中国去找亲属。在中国东北地区的大城市孤儿们听到有日本人来访问的消息，便亲自到饭店去找这些日本人呼吁：

"我是日本人。"

孤儿们把自己的线索委托给他们，请求寻找亲人。

当年把自己女儿放在中国的长野县的山本慈昭和尚(已故)在1974年6月份，以山本和尚为中心创立了"日中友好携手之会"，民间人的寻找亲人活动就这样开始了。他把孤儿寄来的消息提供给报社，请求协助。后来在同年8月份朝日新闻登载特辑报导"天各一方的亲属记录"把孤儿们的照片和离别的情况，线索等发表了。日本亲属看完报纸和报社联系说：

"好象她是我妹妹。"

"他是我儿子。"

朝日新闻社一直登载孤儿的特辑报导。到1981年政府开始做访日寻亲调查为止，一共做过16次特辑报导，支援着寻亲活动。

政府受到民间的批判不得不公开北京大使馆和厚生省收到的消息。然后，在1975年3月份开始把孤儿的线索提供给报导界"公开调查"。这个调查一共举行了9回。

可是举行调查之间，厚生省的援护局局长反而说：

"本来援护局是为了复员军人服务的机关"
他们根本就没认为调查残留孤儿的工作是自己的职责。法务省更明目张胆的通知原则上，对中国残留日本人应是以外国人来看待。

在1981年政府才开始了残留孤儿的访日调查，这是从中日邦交恢复后已经过了9年的时候。而且当时大藏省和厚生省还有矛盾，因为大藏省主张政府不应该负担还没有认定日本人的孤儿的旅费。所以政府也没有什么系列的对待残留孤儿问题的原则。每个部门的对策都不一样。

访日调查的开头三年是一年来1，2次有50人到60人的团体。在1984年，当时的渡部恒三厚生大臣访问中国的时候，随大臣去中国的每日新闻记着报导，中国的吴学谦外交部长指摘过：

"用现在的这个方法来进行调查的话，用10年也完不了。"

黑龙江省的干部也批评说：

"调查太慢，日本政府有责任，让孤儿们坐船回去也可以吧！"

从第二年的1985年开始执行大量访日调查，结果参加的孤儿人数在1985年有360个人在1986年有672人。

可是在1987年2月份，厚生省估计申请参加调查的人数不会太多，决定在第15批访日调查团为止，将结束孤儿调查的发表。结果受到各界的谴责，这时申请参加调查的人源源不断的来联系。后来不得不撤回这个决定。在同年11月份再开始称为"补充调查"的调查。以后一直不断的进行调查。

访日调查的早期只有通过面对面调查，确认亲属关系。当时血型化验的费用是由本人负担，所以几乎没有人做化验，结果有几次都出现了认错现象。

有关回国定居来说，当时有规定孤儿回来的旅费是日本亲属来负担，所以只有找到亲属的孤儿才能回来。没有找到亲属的孤儿还是当"中国人""外国人"一样的对待，不允许回国定居。在访日调查之间，找不到亲属的孤儿非常沮丧。后来政府又受到了国内国外的指责，找到的和找不到的都一样是孤儿，找不到的孤儿不许回国定居是不对的。

另外，民间义务支援者经常帮助找不到亲属的孤儿，通过家庭裁判所办理就籍取得日本国籍。所以本人在中国取得日本国籍，做为"日本人"回来定居的也有。这说明政府对孤儿在毫无对策的情况下，是那些民间人士想出来的打游击的对策方法。

这时在1984年日中政府交换的备忘录里有，不管孤儿找到找不到亲属，日本政府负责把孤儿返回日本的内容。推进未判明孤儿的回国定居。出现了在1985年发布的"身元引受人制度"。

厚生省招募善意的第三者来做为身元引受人，把他们一个一个的给孤儿介绍了。开始厚生省说明，身元引受人是孤儿回国后在生活各方面的能给予帮助解决问题的人，可是实际上，他们又是中国籍的孤儿们的入境保证人的意思。

这个制度是造成身元引受人和孤儿之间的上下级关系，或者发生在孤儿上的问题，全部推到引受人等等现象，问题很多。不过对未判明孤儿来说提出回国要求后，按顺序可以很方便的回国定居。反而，对判明孤儿来说不能回国定居的人越来越多。

因为，在回国定居以前找到亲属的孤儿，先有一次短期回国在亲属家待3个月到半年。在这其间亲属对孤儿回国定居开始发生了犹豫的念头。因为亲属要照顾孤儿，可是孤儿又不会日语生活习惯也不一样。结果亲属担心经济方面和精神方面的负担过重，导致反对孤儿回国定居。所以虽然找到了亲属和具有日本户籍的孤儿们，比起那些没有找到亲属和不知道自己来源的孤儿们，在回国定居问题上，又有些其他的烦恼。这个制度成了讽刺之谈。

在 1989 年，厚生省发布"特别身元引受人制度"。如果判明孤儿想回国定居的话，在亲属反对的情况下，如找到第三者的身元引受人可以回国定居。可是住在中国的孤儿们，自己如何能找到身元引受人呢？

而且，战败的时候过了 13 岁的残留妇人们是被政府定义为自愿留在中国，开始时不是政府公费援助的对象。残留妇人想回国定居也需要身元引受人。结果由于亲属的反对很多判明孤儿和残留妇人连短期探亲回国也不可能。大概从 1990 年民间义务支援者开始把这些孤儿和妇人邀请到日本来作活动。

正在这个时候，发生了 1993 年 9 月 5 日的事件。

12 个残留妇人和判明孤儿，在没有身元引受人的情况下用自己的日本护照自费回日本。她们以前参加短期探亲回国的时候办理了日本护照的。她们称谓"强行回国"被报导了。12 人呼吁到：

"一直不能回祖国！"

"愿意死在祖国！"

本来她们打算下飞机后立刻到首相府那里去，没想到，那天是星期天，首相休息。56 岁到 80 岁的 12 人在成田机场的候机室住了一宵夜。

这事件引起了舆论。她们为什么采取这样的方法呢？政府对残留妇人和残留孤儿的制度怎么这么不周到呢？政府受到了社会各界的谴责。后来同年底，厚生省决定全部接受了要回国的残留孤儿和残留妇人。12 人的行为把长年不改变的政府的思想改革了。她们的拼命行动打动国会议员的心声。

在 1994 年 4 月份,以田中真纪子议员为首把"中国残留日本人归国促进·自立支援法"通过议员立法制定了。以前厚生省明确地说孤儿问题是"只不过是战后,日本人返回的活动拖迟而延长到现在。"意思是只不过是个人问题。那时候,承认了这问题是"应由政府来责任"。能把孤儿问题做为政府的问题来看待从这一点来看,还是很有意义的。但是,政府对这个议员立法的内容理解不深,所以政府对孤儿的对策几乎没有什么改变。中国孤儿等对策室负责人说:"这个法律只不过是把原来的政策,改为法律而已。"

法律化的一个成果是国民年金。孤儿在中国的时候的国民年金的保险费是免费,不用交纳。所以接受年金的时候能拿到当于政府负担部分的 1 / 3 的 22000 日元。孤儿定居回国后,自己交保险费的话能拿到再多一点。

可是,孤儿能拿到年金也不多。回来比较早的孤儿,找到工作交保险费的孤儿也只有三万日元左右。定居回国后的年数不多所以用年金生活不下去。

开始时候,孤儿定居后全部由亲属来负责,后来在 1984 年 2 月分在埼玉县所泽市开设了中国归国者定居促进中心,用公费回国定居的孤儿在这里可以学 4 个月日语和日本生活习惯等。但是宿舍收容人数有限,等不及的孤儿用自费回来的也有。

定居中心的学习结束后,搬到身元引受人或者亲属的所在地安家。在 1988 年,在全国的 15 个城市开设了孤儿可以走读日语的自立研修中心。孤儿可以接受生活保护学习 8 个月。当然能走读的孤儿有限。

定居回国后过一年,孤儿被指导应该找工作经济自立退辞生活保护。只学一年日语。孤儿们讲不好日语只拼命地工作，养孩子，过日子。因为日语不好，孤儿能找到的工作只不过是临时工，并且公司困难的话也就成为了被解雇的对象。

政府规定的原则上是超过 18 岁的孩子不能用公费回来，所以回来定居晚的孤儿都不能把孩子带回来。回国后，为了让孩子早点过来，自己不管日语不好，只希望赶快自立的孤儿也不少。

在 1994 年，到制定了支援法为止，已经是战后过了将近 50 年左右，虽然立法了，可是效果不那么好。

在 2004 年 1 月底为止，厚生省查明的孤儿人数有 2783 人。其中 2472 人是公费回国，现在孤儿都岁数大了。70%左右的人接受生活保护。大部分的人日语不好。政府说为了孤儿能做的都做了，可是看到这些事实又是怎么解释？现在不会日语的孤儿们，对政府提起诉讼，这是很不一般的事。这些原因都是政府所引起。政府一直按照战后的撤回日本人对策来对待残留孤儿，还认为残留孤儿问题是个人问题。

引扬者······第二次世界大战结束后，从国外返回日本国内的人们。第二次世界大战后，日本承诺了波茨坦宣言。当时在国外的日本国民，必须按照波茨坦宣言的规定，被指定日本人只能在日本领土境内居住，没有资格在海外进行活动，波茨坦宣言还指定日本人归回日本境内。这是由日本国来负责返回工作。这一返回工作就叫返回。

中国残留孤儿问题年表（日中邦交恢复后）

1972 年 9 月	日中邦交恢复
1974 年 6 月	「日中友好携手之会」成立，开始了民间的寻亲活动
1974 年 8 月	朝日新闻连载了孤儿专题报导「天各一方的亲属记录」，照片和情况等，有助于寻亲活动的展开。此报导至 1981 年的第 1 批访日调查为止，共报导了 16 次。
1975 年 3 月	厚生省第一次「公开调查」，把孤儿的情况公开于世。到 1981 年的第一批访日调查为止一共举行了 9 次。
1981 年 3 月	第一次访日寻亲调查。（参加人数 47 名，判明人数 30 名）
1982 年 5 月	未判明孤儿「徐明」（后判明，是池田澄江）在东京家庭裁判所，提诉她的孤儿证明，被承认，获得了日本国籍。此后民间团体和个人，对希望回国孤儿，事先办理就籍手续。
1984 年 2 月	中国归国者定居促进中心在埼玉县所泽市成立。
1984 年 3 月	日中两国政府交换了有关中国残留孤儿问题的备忘录。其内容为不管孤儿的亲属判明与否，完全由日本政府负责，促进他们的归国。为未判明孤儿的回国定居，政府发布「身元引受人」制度。
1985 年	大批访日寻亲时期。1 年进行了 5 次，共来了 672 名孤儿，225 名孤儿找到亲属。
1987 年 2 月	访日调查，到第 15 批一旦停止。
1987 年 11 月	政府受到批评，重新开始访日调查。50 名孤儿来日。
1989 年	政府发布「特别身元引受人」制度。亲属反对回国定居的判明孤儿，可找第三者特别身元引受人，这样就可以回国定居。可是实际上亲属不同意的话，孤儿的回国定居还是很困难的。
1989 年	战败当时，超过 13 岁的残留妇人也可利用「特别身元引受人」制度。

1993年9月	12名残留妇人自费集体强行回国。当天就在成田机场过夜。结果政府决定受理她们的回国定居。这事件被称为「强行回国事件」。
1993年12月	厚生省决定接收所有希望回国定居的残留日本人。
1994年4月	「中国残留日本人等归国促进・自立支援法」，以议员立法的形式规定。认定支援中国残留日本人的回国和定居是国家的责任。
1998年6月	厚生省第一次访华会面调查。
1999年9月	厚生省决定，在2000年改变集体访日寻亲的调查方法。
1999年11月	第30批是最后的集体访日寻亲调查(参加人数20名，判明人数2名)。此后每年进行孤儿情报公开调查。
2000年9月	住在神奈川县的孤儿们成立了「中国养父母谢恩会」。求得老后的安享也是报达养父母的养育之恩，要求政府「还我人生，谢罪赔偿」，立法保障老后安享，为向国会请愿，从10月份开始在街头进行署名活动。
	以「养父母谢恩会」为主，把要求保障老后生活的请愿书和10万人左右的签名提交到众议院和参议院。可是未经审议就否认了。
2002年12月	629名孤儿在东京地方裁判所提诉，要求政府「还我人权，谢罪赔偿」，并立法保障老后安享。
2003年8月	21名残留孤儿在鹿儿岛地方裁判所提诉。
2003年9月	330名孤儿在东京地方裁判所追加提诉，140名孤儿在名古屋地方裁判所，90名孤儿在京都地方裁判所，51名孤儿在广岛地方裁判所分别提诉。
2003年10月	4名孤儿在德岛地方裁判所提诉。45名孤儿在高知地方裁判所提诉。
2003年11月	80名孤儿在札幌地方裁判所提诉。
2003年12月	111名孤儿在大阪地方裁判所提诉。

汹涌澎湃的诉讼浪潮

2002年12月分,在东京地方法院向政府提出要求赔偿诉讼的集体诉讼的浪潮向全国扩大。在2003年底,全国各地的9个地方法院,占回国定居全体孤儿2500人的六成以上提起诉讼。估计,以后还会继续增加。

开始发起运动的是神奈川县的孤儿们。支援他们的是长年帮助孤儿的民间义务支援者菅原幸助(78岁)。可以说没有他的话这打场官司打不起来。

他原来是旧满洲时代的宪兵。在1945年8月苏军进攻以后,保护着关东军干部家属坐的避难火车,很快就回国了。他说,当时还拿枪威胁那些追上火车的一般日本人。战后,他知道有20多万日本人被留在中国,孩子们都成为孤儿。

"为了做好孤儿的工作我要尽我一辈子的努力。"
他这样想。

他早就知道孤儿想对政府提出老了后的生活保证问题和年金的问题。他觉得很有必要解决。

可是又一想:

"只有孤儿自己主动的活动起来,我们这些民间义务支援者才能给予帮助。"

然后他和东京，神奈川的孤儿们一起碰面商谈过，可是没有得出结果。2000年8月，还是老样子没有结果。那天，开完会在回家的路上，神奈川的4位孤儿埋怨他：

"您为什么不帮助我们呢？"

"我们只能等死吗？"

"菅原先生，您太无情了！"

"想请您来帮我们啊！"

他反问到：

"你们开会能聚集200名孤儿吗？"

因为孤儿们的生活都不富裕，几乎没有人愿意自己掏钱来参加开会的。

"如果你们有决心的话，我帮助你们。"

他拿聚集200孤儿开会为条件，同意帮助孤儿们。

后来2000年9月份成立的"中国·养父母谢恩之会"的开幕式时。已聚集了320名孤儿。东京的孤儿们也参加，会场气氛隆重热烈，大家决定对政府要求有能够生活的年金额。大家从10月份开始在横滨中华街和横滨车站做签名活动。每星期天不管刮风下雨，由20多名孤儿和孤儿家属拿着白色和黄色的旗子，脑袋上系着布带到街上去请求走路的人们来支持签名。日语好的孤儿拿着话筒大声宣传到：

"我们是50年前被日本政府和日本军遗弃的孤儿。回国后没有工作，没有老了后的生活依靠！"

别的孤儿都不会日语。走路的人问孤儿：

"这是什么活动呢？"

由于解释不了，只能把宣传单子递给人们，只能鞠躬表示谢意，

"请多关照！请多关照！"

以前孤儿们由于语言不通一直是求别人帮助的。这回孤儿们第一次由自己向社会发出了自己的心声。
　孤儿们到厚生省，中国孤儿等对策室去和室长面对面的要求老后的生活保证问题，可是室长回答如果年金不够的话接受生活保护就可以，孤儿们听了失望了。
　东京的孤儿团体"扶桑同心会"也举行签名活动。孤儿收集的签名人数一共有10万多名。孤儿拿这些签名到众议院和参议院去提出请愿书。内容是要求老后的生活保证。约350名孤儿们游行在厚生劳动省和日比谷公园附近。可是请愿书根本就没有得到足够的重视和讨论就草草回答了不被采用。
　后来8月15日，600孤儿集合在霞关附近游行表示抗议。游行完了"打官司！"的喊声沸腾出来了。因为同年春天，麻疯病的患者通过长年的斗争进行打官司最后取得了胜利，孤儿们也知道这消息。
　对厚生省呼吁不行。国会也不行，政府也无动于衷。只能借法律的力量。后来大家开始准备诉讼。想参加的孤儿不少，很快聚集了500名。可这时一个律师都没有。
　菅原开始找律师。去了东京，横滨的律师那里。因为原告不会日语，调查起来很吃力。而且对手又是日本政府诉讼起来更是难上加难。所以，有几家律师都回绝了帮助。也有这样的律师只是去面谈一次也要手续费。他以前因为腰部做过手

在横滨中华街，不顾下雨，举行签名活动的"中国·养父母谢恩会"的会员们

173

术，走路时间稍长腿就麻木，他不得不拖着麻木的腿去拜访各个法律事务所。

过了2个月的11月份，他见到了第16个律师小野寺利孝律师，他专门做过战后赔偿问题裁判的律师。对他来说残留孤儿问题还是第一次接触，可是听取孤儿的事情以后，他下定决心帮助孤儿们马上着手组织了辨护律师团开会。

律师团召开了研究会。东京的孤儿们也成立了"东京联络会"又和神奈川的"养父母谢恩之会"团结起来坚固力量。在2002年夏天律师团经过几天的时间，进行了全体人员采访调查；由于有语言的障碍，在采访调查时，翻译就由孤儿和残留妇人的二代三代的年轻人来义务担任。

借用菅原做理事长的社团法人神奈川中国归国者福祉援护协会的事务所(横滨市)做为原告团的事务所，进行裁判的筹备工作。后来为了交通方便原告事务局搬到东京都内。事务局对大约700名的孤儿通知开会日期，召集游行，要材料等工作量很多。孤儿，律师，民间义务支援者，为了共同目标大家一起工作。

2002年12月初，政府发布支援被北朝鲜绑架的被害者"支援有关被北朝鲜当局绑架被害者"的法律。内容是为了被害者在日本生活得有依靠，5年制定支付生活费，一人发给一个月17万日元，2口人发给24万日元，还有在朝鲜其间，也算加入了国民年金，施行了政府代替他们负担保险费的特殊措施。这个条件和残留孤儿的条件是无法比较。孤儿们请求：

"应该支援绑架被害者，但希望政府也能给我们同样的援助！"
从各个方面能听到孤儿们的呼声，想到自己和"绑架被害者"的待遇相差得太远，这也是推动他们向打官司发起进军的理由。
这样迎来了 2002 年 12 月 20 日的提出诉讼的日子。

利用裁判的手法，所以每人要求三千三百万的损害赔偿金，同时要求制定有保障的老后生活新制度。

小野寺律师说：

"这是要求成立新政策的诉讼，就是要求政府改变原来错误的政策。在一般裁判时都是由律师为主指挥左右，可是这个孤儿裁判是在 2001 年的向国会请愿时，被拒绝后引起的。当时被拒绝的孤儿们想到只有告到法庭进行裁判才能改变现在的不顾民意的政策，这是自然发展到了打官司的结局。后来马上聚集了 500 名原告。在这时根本没有律师。我从没听说过有这样的作法。这场集体诉讼真可以说成是前所未闻的裁判斗争。"

开始的时候从只有 30 名的律师团，到铃木经夫律师长提出诉讼的时候已增加到 183 名，现在还在继续增加。

在诉讼筹备阶段，每人应付 15 万日元的起诉费。孤儿如果到当地区政府去申请"生活保护受给证明书"可以免费申请起诉，当时有的孤儿被工作人员问，

"目的是什么？"

孤儿说用来诉讼，工作人员通过翻译说：

"如果打赢了，你得到赔偿金的话，这也算是你的收入。应从得到的赔偿金里扣除从回国定居后接受生活保护费的全额。"

收到证明书后，孤儿在要走的时候，工作人员又说，

"你回家好好考虑！"

孤儿觉得：

"他们的说话很含蓄，不过我认为那就是不让我参加诉讼的意思。"

别的孤儿也被担当员说：

"你没有收入也没有存款所以接受生活保护。如果打官司打赢了应把打赢的赔偿金全部还给政府。"

根据生活保护制度规定，如果得到损害赔偿金后，可以不偿还以前支付过的生活保护费金额。政府说：

"我们没有说过"还清全部金额"。说的只不过是在一般的情况下。没有说过有障碍诉讼内容的话。"

有可能政府工作人员没有什么恶意。可是那种说话的方法对孤儿的压力却很大，这也表示他们没有同情孤儿们的心情。

别的地区也一样：

"给我证明书了，但是他们的态度很利害，我害怕，担心以后他们对我会怎么样。"

孤儿怕参加诉讼后，政府不支付生活保护。

义务支援者里有些岁数大的人对打官司之事持有反感的态度，还有人以为是不是孤儿们对民间义务支援不周到所表示的不满。

"孤儿想要钱吗？"

"不应该打官司！"

"他们认为我们没有帮助什么似的，真有些伤心。"

有人这么说，同时孤儿里也有人不理解这些照顾孤儿们的民间义务支援者，为什么就不同情我们孤儿的心情呢。

抱者这些问题，孤儿们行动起来了。日语也不好和社会上的位置又是微不足到的，孤儿们开始大声喊叫了。这就意味着孤儿们站起来了。打官司本身是向着"恢复人间"的目标走出新的一步。

诉状的开头写的概要如下。

本诉讼是，日中战争前后，被告日本政府把原告们遗弃在中国东北地区，原告们离别父母，无法在中国活下去。原告中国残留孤儿以下简称"残留孤儿"为了要恢复与普通日本公民一样生活的权利而提出诉讼。日本政府虽然知道大量的日本孤儿还活着，遗留在中国，但是无视这一事实和放置不管，而且很长时间拒绝残留孤儿的回国。这诉讼的目的是起诉被告日本政府的政策的违法行为，同时起诉日本政府的责任。还起诉日本政府对千辛万苦才回到祖国的"残留孤儿"们没能合理给予孤儿们象普通日本人一样的生活水平的措施。这一项应是改革的基本要点。

律师团主张日本政府有义务让孤儿早期回国和回国后支援孤儿的自立生活，但是日本政府没能及时去做。日本政府侵害了孤儿象普通日本人一样生活的权利。具体说，第一，在战败时，实行定居中国东北地区（旧满洲）的日本人的当地定居政策，之后不让他们回国。第二，从战败时到1959年制定的未归还者特别措施法（战时死亡宣告制度）的当时，完全知道孤儿还活在中国，没有及时促进孤儿回国工作和支援措施。第三，制定战时死亡宣告制度后，在户籍上把"残留孤儿"做为"死亡者"，取消他们在世间的存在感，实际上被判处了死刑，归国措施到此结束，从此久居中国。第四，日中邦交恢复后，孤儿问题再次得到注视，不过也没有尽快地施行归国措施和支援归国等等。第五，从孤儿回祖国后至现在，对自立生活还没有施行完全地支援措施等等。

　　第一次口头辩论是在 2003 年 4 月 18 日到 2003 年底召开的，到现在已召开了 5 次口头辩论。每次由 40 名孤儿和律师团到东京地方裁判所坐在原告席上，旁听席上坐满了人员。每次由 2 名到 4 名孤儿陈述自己的人生和要求。大概的孤儿通过法庭翻译用中文陈述。

　　到 2003 年底为止，被告的日本政府对孤儿们提出的要求保留承认与否认。但却反复说：

　　"原告的主张是不对的！"

从第 4 次口头辩论开始日本政府主张，对于以前的措施来说从战后到发布中国残留邦人等归国促进·自立法其间是预算措施，同法执行后，按法律实施了不少支援对策。

中国归国者问题同友会代表干事，庵谷磐(86 岁)，对残留孤儿问题已经有 20 多年经验了他说：

　　"我们民间义务支援者从前一直说从开始时期政府就应该来出面负责解决问题。可是已过了几十年，孤儿也老了。到现在孤儿向日本政府打官司政府真是太丢人。这些问题不采取诉讼也应该能解决的。到了现在，政府一直不闻不问，真让人生气愤怒。政府应好好考虑为什么孤儿打官司。政府能为他们做些什么，应认真地想一想。希望政府和裁判所千万不要忘掉的是孤儿，是活着的人，他们是为国家牺牲的人们的现实问题，通过活生生的孤儿们，对于这些现实问题希望政府应该认真的接受才是。"

　　日本是什么样的国家?战后遗留在中国大地，后来经过苦难的孤儿们终于实现了想念已久的归国定居，可是虽然定居祖国却不让孤儿们

感觉高兴,我太伤心。国家还想再把孤儿遗弃吗?孤儿们提出:
"我们只不过是在祖国要求象人一样地过安心的老后生活。"
日本国家和日本国民如何接受孤儿们的要求呢?这是对日本国和国民的一个课题。

后记

"谁？他们是谁？"

这是我对中国残留日本孤儿的第一印象。大概是在1985年或是86年，有一大批残留孤儿参加访日寻亲调查团，每天有报纸和电视报导孤儿们的消息。当时我还在大学读书，孤儿们穿着中山服，我怎么看他们都象中国人，可是他们却边哭边说：

"我是日本人！"

由于对历史的无知，所以对残留孤儿的实际存在也一无所知。当时我从美国留学一年后，刚回来，对"人的身份问题"和"国家与个人"抱有很大兴趣。孤儿们从外表看怎么看也是中国人。不过不会说日语的孤儿们在声明"我是日本人"的场面时，却在我心中留下了不可磨灭的深刻印象。他们的心情是怎么样的？我当初是这样想，开始对孤儿感兴趣了。

当时我想自己成为记者的话，一定采访残留孤儿。不过，还是仅仅在"国家与个人"的关系上感兴趣。

1987年，我进朝日新闻社的盛冈分局工作，担任报导警察方面的消息，后来有一次机会，介绍"人"的比较大的文章。那时我想写回国定居的残留孤儿的事情，便先采访了一位定居在岩手县的女孤儿，写好文章后，交给总编辑的局长过目。

"这样的文章能登载吗？"

他说完，便把他稿子扔到垃圾箱里。气得我把稿子拿出来问他：

"告诉我，我文章哪儿不好？"

他什么也没说。原来他是从旧满洲撤退回来的，而且做局长之前，在社会部工作时，曾经去中国采访过孤儿。现在一想起当时，我写的文章远远达不到水平，根本没有把孤儿的心情描写出来。被日本政府遗弃，差一点自己也成为孤儿的局长，亲身体会到当时的悲惨情况。对我的文章怎么也不会容忍的。我很尊敬这位性格很温和的局长。他那时的行动正是我学习的开端，使我学习了很多道理。

1990年，我被调到静冈县分局，就是我第二个工作地点。正好战后45周年，在夏季，计划报导有关和平专集报导，我便写了住在静冈市的女孤儿的消息。借此机会，在秋天去中国采访。那时，天安门事件刚刚结束，所以出现了这样那样的麻烦，后来通过有经验的同事的帮忙下，终于拿到了签证，前往中国东北部（旧满洲）。我花了20几天的时间，乘换火车，在黑龙江省和吉林省一带走访了残留孤儿和残留妇人。本书所出现的佐野奈美女士就是当时采访人之一。

那次采访所看到的事情和感觉到的事情成为了我后来做采访工作的力量源泉。

那时采访的大部分孤儿和残留妇人都想回祖国，但因为亲属反对无法回国。有一位残留妇人住的地方还没有对外开放，我没得到进入许可，请她到我住的省市来一趟。结果，她坐儿子的自行车花了五个小时到了长途汽车站，然后再坐颠簸的长途汽车花八个小时，才来到省市，我住的饭店。听了她这些话，我由衷的表示歉意。年纪大的老人反而对我说：

"我能用日语说话就很高兴了。应该感谢你叫我来呀。"

那天我请她和我一起住在我的房间。一直住在农村的她说：

"在10年前，回日本探亲时，洗了一次澡，后来就没有机会了，今晚能洗澡很舒服。"

我感到有一种说不出来的悲伤。我带她出去外边散步回来时，饭店的门卫用很厉害的口气叱责她，我听不懂门卫在说什么，但是门卫的态度能够让我明白她在中国社会中的地位是可想而知的了。

我采访了农村的孤儿。到了晚秋，气候已经是冷起来的时候，土泥墙的房子窗户也没有玻璃，只有用塑料布钉在上面，冷风刮进来屋。为了防寒在墙上贴着报纸。他没钱买煤，用不能耐久燃烧的细干柴来取暖。喝的是井水。电虽通了，但没有电视机，只有收音机。衣服只有二条裤子，满脸脏呼呼的。他知道我是从日本来的，他用过年过节时才能吃到的肉馅包饺子招待我。

我坐在摇摇晃晃的火车上，在东北各地采访，亲眼目睹了，战前日本政府把开拓团和军队派遣到的地方是那么远，使我吃惊。当时的交通又不方便，能想像到多么困难。那时我接触到的残留妇人和孤儿都对我说：

"想回日本！"

生活那么贫穷的话，谁也想回国。而且有些孤儿还记得自己过去在日本的生活，更想念日本。

有一位残留妇人，日本宣告投降时，她已快30岁了。和我当时采访时的年龄差不多。她在避难当中没有吃的，把自己丈夫装成弟弟寄居中国人家，这样做起码能活下去，后来丈夫回日本，她嫁给贫穷的中国人了。她谈话时，没眼泪，很冷静得讲。但却打动了我的心，使我痛苦。

他们在中国过了这样的生活，目睹了这些现实的我更感到了作为一个记者的责任重大。

"我不写报导，谁来把这情况向外公开。我一定发表出去。"

从 1990 年的访华后，我抽出时间就采访回国定居的孤儿和残留妇人，还采访探亲回国的孤儿。由于这些采访工作是自愿去做而不是上级的指示，而且自己还年轻，最后登载出来的报纸版面很小。也就是只有短短几行的报道。可不管怎样我更细致的采访了他们，并且把孤儿的事情向社会呼吁，让更多的人们了解孤儿。孤儿的人生被历史捉弄的非常悲惨，可是他们在这狂风波浪中顽强的活下来，仍然保持着传统美德的残留妇人们，在他们回到祖国不久，表情也变得温柔和谐，恢复日本妇女。这些都给我留下了难忘的印象。

残留妇人和孤儿一有什么困难就与我联系。我在采访时发现，国家的政策没有完善的措施，当时最明显的是等遇到问题时，才敷衍的考虑解决办法。向每人采访时了解到，国家政策的不完备。从国家对孤儿的政策来看，问题出现后，到了不可收拾的地步才去解决处理，是对症疗法的作法。所以让人感到疑惑，是不是在等残留妇人和孤儿们的死，以来故意拖延时间。实际上，我在中国采访时，就有很多没有实现归国梦想和没有踏到祖国土地的孤儿们，已含恨离开人间。

在日本的社会里大部分人们，对残留妇人和孤儿想念回祖国定居的行为觉得：

"都到了现在，还要回来定居吗？"

我写报导后，也收到过这种意见，都是匿名信。这次诉讼裁判也被人说：

"向政府打官司就是为了要钱。"

可是孤儿们确实是从苦难中熬度过来的。在中国，他们是敌国的孩子，受到歧视。回日本后，也不被当成普通人看，觉得很委屈。政府的身元引受人制度也是威压他们的原因之一。身元引受人本来是好心好意的。不过，被人照顾，就得服从人家，导致了被引受人支配的关系。孤儿大约是过50岁左右的人了，被引受人说过，

"你不听我的话，你孩子的保人我就不管了！"

在我面前边说边流眼泪。引受人有可能没有坏意思，可是被说的人会感到象受到了污辱人格一样。

有的身元引受人觉得，好容易帮助孤儿找到了工作，可是孤儿刚干不久就辞职了。孤儿经常大声主张自己的意见，后来使引受人烦恼，为此有些人再也不想帮助孤儿了。另外，孤儿回来定居后，从日本政府和社会上认为孤儿既是日本人，就应该在各方面必须按照日本方式去做，不容忍不适合日本的行动。最近这方面的看法，比过去好一些。由于孤儿长期在中国生活，日本社会应该尊重孤儿具有的中国文化。而且，政府缺少，为了孤儿顺利的在日本生活下去，最起码的需要学习生活习惯和语言的机会。

孤儿忍受着各个方面的问题，为了生存默默无声地工作。

"在中国被人说成日本人，在日本又被人说是中国人，那么我是什么人呀？"

抱着这样复杂的心情，在祖国想自食其力的来生活，也不管语言通不通坚持工作。现在过了60岁，到了退休年龄，身体也不象以前那样随心所欲了，并且公司也不雇佣不会日语的老年人。想用年金来度过老后生活，但又因为归国的太晚，工龄年限短，根本不够维持老后生活

的年金，有将近70%的孤儿只能依靠生活保护。

人人都有接受生活保护的权利，可是限制太多，孤儿们觉得是污辱人。有些人有如下的经历，比如不能安装卫星电视天线，要回中国时一定要汇报，被要求，认真学习日语等事项写在誓约书上。如果违反这些誓约，就意味着不给生活保护费。接受生活保护时，总是有这种屈辱人的规章制度。孤儿们老后只能依靠这种屈辱人的生活保护。现实情况实在让他们忍耐不下去，最后导致爆发了用裁判斗争的结果。

生活保护是由政府和地方政府来支付的公费。既然是国家支出了公费，为什么不让孤儿们愉快的接受呢？况且，回国的孤儿只有2500名，并且又都是高龄者。支付其间有限的。假使生活保护金额和现在一样，没有象生活保护那样的限制，就有可能不会引起孤儿们这么强烈的愤怒吧？生活保护虽少，但是他们更重要的要求是人权和人的尊严问题，这正是使孤儿们愤怒的原因。生活保护制度是救济不能工作，生活困难的一般国民来制定的政策，救济孤儿也采用这个制度，这表示政府对孤儿问题是无对策的。

在前面也写过，孤儿能这样团结起来是我连做梦也没有想到的事情。也感到惭愧的是我对孤儿们的了解不够。我很尊敬孤儿们靠自己的行动和勇气迈出了新的步伐。他们有些担心怕受到报复，生活保护是不是会被停止，就在这样的恐惧与不安的情况下，他们决定站起来了。

在2004年1月21日的第六次口头陈诉时，政府说：

"如果认为原告与家属离别后成为孤儿的事情是被害，但是其真正的原因都在苏联军进攻满洲后发生的社会混乱和后来的连续长达半年之久的越冬生活所引起的。日本政府辩护政府不是造成他们被害的原因。"

"由于关东军还没有来得及保护在华日本人时，就被苏联军打败了，是苏军造成的原因跟政府没有关系。"

就是说造成残留孤儿的原因，在苏联废弃了日苏中立条约进攻满洲，然后社会发生混乱的原因。还说：

"在华日本人的返回活动，比从别的地区返回活动要迟慢，拖迟的原因是当时日本政府的外交机构完全停止了，在这种情况下，管理旧满洲地区的苏联军没有关心遗留日本人的返回活动，而且没有保守《联合国总司令部方针》的诺言。"

就是说，造成这样结果都是苏联的原因。

政府还解释说：

"虽然他们遗留在中国受到各种残害，但是在战时，全体国民都受到了各种不同的损害，其中有些人受到的损害很严重，这些事情人人都了解。从战争当中到战后其间正是国家存亡的紧急关头，所有的国民都遭受到了不同程度的从生命，身体，财产方面的损害，还得忍耐。做出牺牲的不只是原告们。"

政府认为孤儿们的要求等于就是在宪法中没有规定的"战争损害的赔偿"，所以不能承认。

根据政府的这个主要发言，参加口头陈诉报告会的 400 多名孤儿各自发出愤怒。

"歪曲历史！"

"把全部责任推到苏联身上，真卑鄙，推卸责任！"

"我们为什么到满洲的！"

"让我们回国的都是民间人士!"

想要发言的孤儿一个接一个抓着话筒讲。有一位孤儿站起来用气愤的语调说:

"因为苏联进攻,日本战败,才造成了孤儿,真是胡说八道。日本政府到现在还没有承认侵略中国的事实。推卸把我们抛弃在中国的责任,太无耻了。如果说造成孤儿的原因是,因为苏联进攻,所以日本战败的。那么我问政府,为什么战后的50年之间,不让我们孤儿归国呢?在1972年的日中邦交恢复后,为什么不立刻着手寻找我们孤儿呢?"

以前日本政府在中国建立伪满洲国,然后执行派遣开拓团的政策是世界各个国家承认的历史事实。还有日本政府把开拓团员等,一般日本人安置在苏联和满洲的国境,关东军不通知他们,自己先往南避难逃跑,在苏军进攻后把一般日本人扔下不管,这也是众所周知的。连这段历史也不敢承认的日本政府的行为真让人遗憾。

"以后不知政府怎么主张。我认为这次裁判会把日本的近代历史公开于世。"

到现在为止,被认定残留孤儿大约有2800名,其中大约2500名已回来定居。残留妇人有3800名已回来定居,有些人已经去世,所以和起来共7000名。这些人在中国时,一直想念祖国,可回国后,祖国到底什么样?

为什么孤儿到中国去了?为什么他们遗留在中国?为什么战后很长时间被抛弃在中国?政府是怎么样地对待孤儿的,怎么样的接受孤儿回国定居?再来确认一下这一段历史,可以看得出日本这个国家的本质。紧急关头时,这个国家能保护国民吗?或者在政府不利时,是不是,就会不负责的把国民随便抛弃吧。

孤儿们的呼吁是在质问日本国家的本质。

我不知道战争，没有经历过战败时孤儿们经验过的残酷体验，可是可以想像得到，我们应该想像得到孤儿们的苦难历程吧，用这种无穷的想像力量把历史的事实告诉人们！

我们日本人怎么样对待孤儿们的呼吁，这也是我们的尝试。

我当记者已有 16 年，见到了很多残留孤儿和残留妇人，在做这些采访工作时，使我学习到了很多东西。开始时我没有考虑到有很高的理想，但是看到了孤儿的人生，被历史无情的捉弄和艰苦顽强活下来的样子让我不能离开。

本书内容是我以前到现在慢慢积累起来的。但是，书是在 2003 年底写的，以此为准。

最后，感谢所有的残留孤儿和残留妇人，他们拿我当自己孩子一样，把那悲惨的过去和其他很多事情，都给讲给我听。并且感谢 10 年多来陪我去采访，代替我耳朵和嘴的帮助我的延江昭子女士和其他翻译先生，女士，从零开始指导我孤儿问题，还有现在也帮助我的义务支援者的各位先生，女士。这次写书的时候，给了我指导的八朔社的田岛纯夫先生等各位，在此，表示深深的感谢！

祝愿残留孤儿们和残留妇人们在祖国·日本能感受到，

"回祖国感到了幸福！"

最后衷心的希望您们能够过上美好的晚年！

2004 年 1 月

大久保 真纪

中文版的编后语

　　一天我接到了一个电话。
　　"大久保，我花了两天，从头到尾一口气的看完书了。对您写出的内容表示衷心的感谢！并且把事实的真相能给写出来太好了！再次向您表示感谢！"
　　这时听到了他在哭啼。
　　给我打电话的是在书里提到的相本禮先生。他回来的比较早，能和我用日语讲话。他接到我寄给的 3 月 30 日出版的日语原书之后,给我打来的电话。
　　对突如其来的电话, 我也深感鼓励, 并且感动得说不出话来。孤儿能够理解我写书的意思, 我感到非常高兴。
　　在四月下旬，由八朔社的田岛先生邀请，在书里出现的孤儿们出席了纪念出版宴会。包括孤儿们的配偶共聚集了 30 名。在这宴会上, 相本先生讲了：
　　"我在中国大学毕业, 又回国得早，所以日语会写也会说。在孤儿当中还算是日语水平好的了，但我也很难用日语把自己的事情写上文章,向日本社会呼吁。这本书能够把我们的心情表达出来，太好了！"
　　听到赞扬有些诚惶诚恐, 可我又发现孤儿因为自己不会表达自己的意见, 不能向社会呼吁, 向人们诉说自己的心情是非常困难的, 所以我再次感到，自己想说也说不出来，要表达也表达不出来，造成了爱急躁，悲伤，不知所错。孤儿们就在这样的生活当中，一点一点的增加了他们的痛苦。

这次出版中文版是一位多年帮助孤儿们解决问题的，并而尽一切努力的一位先生提出的。他看了我的日语原版后，立刻与我联系说：

"我出钱，出版中文版怎么样？孤儿们不会日语，翻译成中文的话他们也能看。"

想到孤儿们和其他不会日语的人也能看我的书，更高兴的。我就马上开始计划，得以实现出版。没有这位先生的大力赞助，就没有这本书。很遗憾他不愿意公开自己的姓名，我只能严守诺言。在此我衷心感谢他的厚意之情！

同时感谢做翻译工作的延江昭子女士，孤儿的井上征男先生，池田澄江女士和其它孤儿们，八朔社的先生。

在纪念出版的宴会上，本书中介绍过的红谷寅夫先生说：

"今天，我们是代表全体孤儿来参加宴会的。大家不要灰心，还要加强团结。继续努力吧！"

其实，出席的孤儿们不管互相之间认识与不认识，大家一起给我和田岛先生赠送了很大的鲜花。孤儿们生活不容易，参加宴会来的孤儿们都是自己拿交通费，来一趟要二个多小时，还送鲜花给我。我感动的涌出了幸福的泪水来。

出版中文版时，我再次体会到了这项工作的完成是靠了大家的热情支持。希望通过这本书能使更多的人了解到孤儿的呼吁，同情孤儿们的现实处境。

2004 年 5 月 16 日
大久保 真纪

[著者略歴]

大久保 真紀（おおくぼ まき）

1963年　福岡県生まれ
1987年　朝日新聞社入社，盛岡・静岡支局，社会部などを経て
現　在　編集委員（2002年4月〜）
著　書　『買われる子どもたち』(明石書店)
　　　　『子どもの権利を買わないで』(自由国民社)
　　　　『明日がある―虐待を受けた子どもたち』(芳賀書店)
　　　　『明日がある―児童養護施設の子どもたち』(芳賀書店)

啊，我的祖国！（『ああ わが祖国よ』中国語版）
――状告母親的中国残留日本孤児

2004年9月30日　第1刷発行

著　者　　　大久保 真 紀
翻訳者　　　延 江 昭 子
　　　　　　井 上 征 男
発行者　　　片 倉 和 夫

発行所　　株式会社　八朔社
東京都新宿区神楽坂2-19　銀鈴会館内
〒162-0825　振替口座00120-0-111135番
Tel. 03(3235)1553　Fax. 03(3235)5910
Email：hassaku-sha@nifty.com

©大久保真紀, 2004　　　　印刷／製本・信毎書籍印刷
ISBN4-86014-023-0